西部陆海新通道建设背景下的外语专业人才培养
——以重庆高校为例

谭佳 著

四川大学出版社
SICHUAN UNIVERSITY PRESS

图书在版编目（CIP）数据

西部陆海新通道建设背景下的外语专业人才培养：
以重庆高校为例 / 谭佳著. -- 成都：四川大学出版社，
2024.10. -- ISBN 978-7-5690-7326-3

Ⅰ．H3-4

中国国家版本馆CIP数据核字第2024X52E45号

书　　　名：西部陆海新通道建设背景下的外语专业人才培养——以重庆高校为例

书　　　名：西部陆海新通道建设背景下的外语专业人才培养——以重庆
　　　　　　高校为例
　　　　　　Xibu Luhai Xintongdao Jianshe Beijing xia de Waiyu Zhuanye
　　　　　　Rencai Peiyang——Yi Chongqing Gaoxiao Weili
著　　　者：谭　佳

选题策划：周维彬
责任编辑：周维彬　于　俊
责任校对：于　俊
装帧设计：墨创文化
责任印制：李金兰

出版发行：四川大学出版社有限责任公司
　　　　　地址：成都市一环路南一段24号（610065）
　　　　　电话：（028）85408311（发行部）、85400276（总编室）
　　　　　电子邮箱：scupress@vip.163.com
　　　　　网址：https://press.scu.edu.cn
印前制作：四川胜翔数码印务设计有限公司
印刷装订：成都市川侨印务有限公司

成品尺寸：170 mm×240 mm
印　　张：6.75
字　　数：108千字

扫码获取数字资源

版　　次：2024年10月 第1版
印　　次：2024年10月 第1次印刷
定　　价：38.50元

四川大学出版社
微信公众号

本社图书如有印装质量问题，请联系发行部调换

■版权所有　◆侵权必究

目　录

第一章　西部陆海新通道建设背景下重庆地区外语人才培养的新需求
……………………………………………………………………（ 1 ）
　　一、西部陆海新通道建设……………………………………（ 1 ）
　　二、重庆在西部陆海新通道建设中的历史使命……………（ 3 ）
　　三、外语人才培养的新需求…………………………………（ 6 ）

第二章　外语专业人才的文化自信培养…………………………（ 12 ）
　　一、文化自信培育的意义……………………………………（ 12 ）
　　二、文化自信培育方面存在的问题及成因分析……………（ 24 ）
　　三、文化自信培育策略………………………………………（ 32 ）

第三章　外语专业人才的国际传播能力培养……………………（ 57 ）
　　一、国际传播能力培育的意义………………………………（ 57 ）
　　二、国际传播能力培育现状…………………………………（ 63 ）
　　三、国际传播能力培育策略…………………………………（ 64 ）

第四章　外语专业人才的创新创业能力培养……………………（ 70 ）
　　一、创新创业能力培养的意义………………………………（ 70 ）

二、创新创业能力培养现状 …………………………………（75）

三、创新创业能力培养策略 …………………………………（80）

第五章 结论 ………………………………………………………（88）

参考文献 …………………………………………………………（94）

第一章 西部陆海新通道建设背景下重庆地区外语人才培养的新需求

一、西部陆海新通道建设

西部陆海新通道,又称西部陆海丝绸之路新通道,是指中国西部地区(以重庆为核心)通过陆路和海上运输相结合,与东南亚、南亚和其他世界各地进行贸易和物流往来的新型通道。中国西部地区崇山峻岭、交通条件较差,对该地区的经济发展和对外开放造成了一定的限制。为了加强西部地区与海外的联系,国家积极推动西部陆海新通道的建设。西部陆海新通道主要包括陆路和海运两个部分。陆路部分主要通过改善和建设公路和铁路网络,增强西部地区与全国各地以及邻国的交通联系。海运部分主要通过开发港口和航运线路,增加西部地区与世界各地的贸易往来。具体而言,西部陆海新通道包括以下几个重要项目:中国—巴基斯坦经济走廊(China-Pakistan Economic Corridor,CPEC),连接中国西部和巴基斯坦港口的公路和铁路项目,将西部地区与印度洋贸易线联系起来;中国—中亚—西亚经济走廊,通过改善和建设公路和铁路网络,加强了中国与中亚和西亚地区的经济合作和交流;中国—中南半岛经济走廊,通过改善和建设公路、铁路和水运网络,加强了中国西南地区与东南亚国家的贸易往来;中国—尼泊尔边境通道,通过改善边境公路和口岸建设,加强中国西部地区与尼泊尔的贸易和人员往来。建设这些陆路和海运通道，不仅可使西部地区的经济得以发展，还能加强与海外的贸易合作。这将进一步推动中国西部地区的开放与繁荣。张义学提出，西部陆海新通道建设让西部地区在我国对外开放中的地位发生变化，从原先的封闭状态正逐步变成对外开放的主力军。[1]

西部陆海新通道的前身是中国新加坡（简称"中新"）互联互通项目框架下的"南向通道"。"南向通道"始于2017年2月举行的中新（重庆）项目首次联合协调理事会，指的是重庆经广西北部湾港再通往新加坡的战略通道，旨在加强中国西部和东南亚之间的联系。"南向通道"提出一年零九个月后，正式更名为"国际陆海贸易新通道"（简称"陆海新通道"）。随后，具体的项目和规划陆续得到确定，包括中国—巴基斯坦经济走廊、中国—中亚—西亚经济走廊等。西部陆海新通道的提出，旨在加强中国与邻国、地区的经济合作和交流；通过建设陆路和海运通道，促进中国西部地区与中亚、南亚、东南亚等地区的互联互通，加强区域合作。西部陆海新通道是政府积极推动"一带一路"倡议的一部分。该倡议旨在通过建设陆路、海洋和信息通信网络，加强亚欧大陆的连接和合作。西部陆海新通道的提出正是为了中国西部地区更好地融入"一带一路"倡议，并实现中国与其他国家和地区的互利互惠合作。西部陆海新通道作为其中重要的通道之一，为"一带一路"倡议的实施和推进提供了重要支撑。2019年8月，国家发展和改革委员会印发了关于《西部陆海新通道总体规划》的通知，计划到2025年在西部陆海新通道范围内建设一批物流枢纽。该通道将有效解决既有通道存在的交通运输瓶颈制约、物流成本偏高、缺乏有效产业支撑以及通关便利化程度不足等问题。[2]

西部陆海新通道作为中国西部地区与亚欧大陆的对外通道，有助于促进中国与相关国家和地区的互联互通。它提供了西部地区与东南亚、南亚以及世界其他地区进行贸易和物流往来的便利条件，加强了地区间的经济联系。汤正仁提出，西南地区的总体发展态势良好，我国区域发展的整体趋势已经慢慢向南部地区发展快、北部地区发展慢转变。[3]通过加强陆路和海上运输的衔接，西部陆海新通道提高了贸易和物流的效率，降低了成本，促进了区域间的经济合作和交流。它推动了相关国家和地区之间的基础设施互联互通和合作，促进了区域的经济发展和一体化进程。西部陆海新通道的建设和发展有助于促进中国西部地区的经济发展和对外开放。它可以提高西部地区与东南亚、南亚地区的贸易便利性，推动贸易往来和物流流通的更快速、更高效。同时，西部陆海新通道还有助于拓展中国与相关国家和地区的经济合作，增进互利共赢，推动地区经济一体化的进程。熊灵等研究分析了西部陆海新通道在"一带一路"倡议背景下对中国西部部分地区的影响，并提出增强物流基础设施能力等对策建议。[4]西部陆海新通道的建设是中国推动"一带一路"倡议的重要举措之一，旨在加强中国西部地区与亚欧大陆的联通，深化区域间的经济合作，促进区域的共同繁荣和发展。西部陆海新通道的建设对于国家具有重要的战略意义和经济意义，是中国实施"一带一路"倡议、推动西部大开发战略、扩大对外开放和促进区域合作的重要举措。温清等的研究表明，对外贸易、交通能力和科技水平是影响西部陆海新通道沿线省（区、市）经济发展的主要因素。他们认为，针对这些主要影响因素，需要制定相应的政策和措施来促进沿线省（区、市）的经济发展，缩小地区经济差异。[5]西部陆海新通道将促进中国西部地区与周边国家和地区的合作与交流，形成更紧密的区域合作格局。这将有助于增进邻国间的互信与友好关系，推动区域稳定与共同繁荣。同时，有利于推动我国实现更全面、更深入的对外开放，助力我国持续建设市场化、法治化、国际化一流营商环境，不断与国际高标准贸易投资规则接轨；有利于全方位提升我国参与经济全球化和全球分工的能力，增强我国在国际经济协调和规则制定中的话语权，为营造更加公正合理的国际经贸秩序创造条件。

二、重庆在西部陆海新通道建设中的历史使命

傅远佳提出，西部陆海新通道建设是西部地区实现高水平对外开放的重要项目。[6]西部陆海新通道建设对内能促进西部地区多层次发展，对外能实

现亚太地区的经济结构变革。西部地区拥有广阔的土地和丰富的自然资源，包括矿产资源、水资源、森林资源、草原资源等。例如，西部地区的青藏高原拥有丰富的矿藏、水力资源和草原资源，是国家重要的能源和生态资源基地。西部地区是中国重要的能源基地，拥有大量的煤炭、油气、水力等能源资源。例如，西北地区的陕北、宁夏等地拥有丰富的煤炭资源，是国家重要的煤炭生产基地。西部地区的青海和四川等地拥有丰富的水力资源和可再生能源资源。西部地区面积广袤，耕地、牧草、水等资源人均占有量高于全国水平，在生物物种资源方面具有不可比拟的优势，地形和气候类型复杂多样，农业生态环境优势明显。所有这些都为发展特色农业提供了得天独厚的条件。例如，西南地区的云南和四川等地拥有丰富的农业资源，种植农产品和发展畜牧业具有较大潜力。西部地区的山区和高原地带拥有丰富的水资源，包括河流、湖泊和地下水等。例如，我国最重要的两条河流黄河和长江皆发源于西部，为流经地区提供了丰富的水资源。西南地区的红河、澜沧江和怒江等河流也是重要的水资源来源。西部地区拥有众多自然风景和人文景观，具有重要的旅游资源。例如，西部地区的丽江、阳朔等地拥有得天独厚的自然风光和独特的文化底蕴，吸引了大量的国内外游客。综上所述，西部地区拥有丰富的自然资源，包括自然资源、能源资源、农业资源、水资源和旅游资源等，为西部地区的经济发展提供了重要的支撑和优势。西部地区的丰富资源为其带来了巨大的发展机遇和挑战，如能合理开发利用这些资源，通过区域合作、环境保护和人才培养等方面的努力，可以实现经济的繁荣和可持续发展。王景敏在分析西部陆海新通道物流制度面对的主要挑战之后，从政策协调、物流一体化、外贸经济转型等方面提出了对策建议。[7]

西部陆海新通道的核心是重庆，重庆不仅是中国西部地区最大的内陆港口城市，而且是长江经济带的重要节点之一，还是连接西部内陆与海洋的重要枢纽城市。李牧原提出，随着西部陆海新通道的建设，重庆市物流产业与交通运输产业将跃升成为重庆市经济发展的龙头产业。重庆市作为西部陆海新通道的运营中心，承载着带头辐射任务，以自身新通道建设成果带动西部地区整体发展。[8]2024年4月22日，习近平总书记在重庆国际物流枢纽园区西部陆海新通道重庆无水港运营调度中心考察。如今,西部陆海新通道以重庆为运营中心、各西部省(区、市)为关键节点,利用铁路、海运、公路等运输方式,辐射我国18个省(区、市)的71个城市,北接丝绸之路经济带,南连21世纪海上丝绸之路,协同衔接长江经济带。重庆作为西部陆海新通道的起点,具有重要的战略地位和意义。重庆地处长江中上游,通过发展西部陆海新通道,可以连接内陆资源与海洋市场,打破内陆与海洋之间的地理壁垒,促进内陆地区的经济发展。西部地区资源丰富,特别是原材料资源,通过西部陆海新通道,可以更便捷地将其出口到国际市场,从而推动西部经济的发展。重庆致力打造内陆开放高地,发展西部陆海新通道也是实现这一目标的重要举措。通过开通陆海新通道,重庆可以成为内陆地区通往海洋的门户城市,促进贸易往来和区域间的互联互通。这不仅有利于重庆的经济发展,也有助于整个西部地区的对外开放和经济合作。宗会明对重庆市的对外贸易发展进行演变分析,认为地理位置和交通、关税等是影响重庆市对外贸易的主要因素,对于加快西部陆海新通道建设具有重要意义。[9]西部陆海新通道的建设也是推动"一带一路"倡议的重要组成部分。重庆是"一带一路"倡议上的重要节点城市,通过西部陆海新通道,可以与中亚和欧洲等国家和地区进行更紧密的经贸往来,促进中国与沿线国家的合作与交流。

李淑梅提出,西部陆海新通道的建设将能打通中国与东南亚各国的应急物流阻塞,形成良好的跨境应急物流协同机制,对促进我国与东南亚各国的命运共同体建设举足轻重。[10]西部陆海新通道建设背景下,重庆的历史使命在于加强区域合作、推动经济转型升级、促进文化交流与融合,并不断推进国家治理体系和治理能力的现代化。战略地理位置方面,重庆是中国西部地区的重要门户城市,拥有独特的地理位置优势。西部陆海新通道的建设使重庆成为中国西部地区与海外市场联系的重要纽带,承担着连接内陆与海洋的历史使命。区域合作中心方面,重庆作为中国西部地区的经济、文化和交通中心,具有辐射带动力量。在西部陆海新通道建设中,重庆扮演着桥梁和平台的角色,促进了西部地区与东部沿海地区的联动发展,加深了区域合作与互利共赢的关系。经济转型升级方面,西部陆海新通道的建设为重庆提供了巨大的发展机遇。通过这一通道，重庆可以更加便捷地与海外市场对接，加快推进产业结构的调整和优化，推动经济的转型升级，提升重庆在全国乃至全球的经济竞争力，实现高质量发展。文化交流与融合方面，重庆历史上一直是多民族、多文化的交汇地，具有丰富的历史文化底蕴和人文资源。在西部陆海新通道建设下，重庆作为连接内陆和海洋的纽带，将促进不同区域、不同文化之间的交流与融合，推动多元文化的繁荣发展。国家治理创新实践方面，西部陆海新通道建设是我国实施西部大开发战略和"一带一路"倡议的重要举措之一，是国家治理创新实践的重要体现。重庆在西部陆海新通道建设中承担着重要角色，通过实践不断推进国家治理体系和治理能力现代化。

三、外语人才培养的新需求

西部陆海新通道连通内陆腹地和海洋贸易渠道，为内陆地区提供更加便捷和经济的出海通道。这将能够促进内陆地区的经济发展，加快资源的流通和物流的发展，提高地区产值、增加就业机会。西部陆海新通道使得内陆地区能够更加便捷地与国际市场进行贸易联系，进一步拓展贸易范围。这将促进贸易结构的优化，提高内陆地区对外贸易的份额，降低对沿海港口的依赖程度，实现内外贸易平衡发展。西部陆海新通道将成为连接陆海贸易的重要节点，能够促进西部地区与周边国家和地区的区域合作。这将有利于推动跨境贸易投资和人员往来，促进共享发展机遇，加强区域间的经济互联互通与合作。西部陆海新通道将改善内陆地区的交通条件，缩短物流时间和成本，提高运输效率。这将带来更加丰富的商品供给和更加便利的生活服务，提升居民的生活水平和品质。西部陆海新通道的建设将着力于环境保护和可持续发展，采用绿色交通和低碳技术，减少对环境的污染和损害；同时有利于推动绿色发展理念在西部地区的传播和实施，促进经济发展与环境保护的融合。西部陆海新通道的建设将为西部地区带来经济、贸易、区域合作、民生和环境等多方面的提升，有利于推动西部地区的可持续发展，增强地区的竞争力和吸引力。

霍卫平提出，要想更好地发挥西部陆海新通道在西部地区对外开放中的作用，可以通过如下措施：一是通过不断加强物流基础设施建设打通贸易阻塞，二是加大西部地区跨区域合作，三是加速产业转型升级，四是多领域培养跨文化人才。[11] 在西部陆海新通道建设背景下，外语专业人才将迎来新的发展，未来增长潜力可期。首先，西部陆海新通道建设为西部地区与海外市场的交流与合作提供了更加便捷和广阔的空间。外语专业人才在这一过程中将扮演重要角色，如翻译、口译、商务谈判和文化交流等，促进不同文化之间的沟通与融合。其次，西部陆海新通道建设将为西部地区带来更多国内外投资和跨国企业进入，这将增加对外语专业人才的需求。外语专业人才在企业国际交流、国际合作和市场拓展等方面将发挥重要作用，帮助企业与国际接轨，提升在全球市场的竞争力。最后，随着旅游业的发展以及西部地区对外交流程度的深入，对外语翻译、导游和国际旅游服务等方面的人才需求也将增加。外语专业人才可以在旅游行业、文化艺术交流等领域发挥自己的专业优势，为旅游及文艺交流活动提供语言和文化支持。

西部陆海新通道建设给外语专业人才带来了更多的就业机会和发展空间。外语专业人才在连接内陆与海洋的交流与合作中扮演着重要角色，对其技能和专业能力的需求将逐渐增加，他们将有更多机会发挥其专业优势。西部陆海新通道的建设将促进国内与西部陆海陆港联运国家之间的经济和文化交流，外语专业人才可以担任翻译和跨文化交流的角色，帮助双方加深了解和沟通，如承担翻译会议、商务谈判、文化交流活动等工作，促进不同文化之间的融合和合作问题。西部陆海新通道的建设将促进区域间的贸易和物流发展，外语专业人才可以成为跨境电商平台的客服人员、市场推广员或国际贸易公司的外贸业务员，帮助企业与国际市场进行有效的沟通和合作。这要求他们具备良好的语言能力和国际视野，为企业拓展市场和开展贸易提供支持。随着西部陆海新通道的开通，西部地区将吸引更多的外国游客和留学生，外语专业人才可以在旅游服务业中担任导游、接待员或中外文化交流活动组织者的角色，帮助游客更好地了解当地的文化和风土人情。另外，他们还可以在留学生教育中担任辅导员、外语教师或留学生接待员，帮助留学生适应当地生活和学习。外语专业人才通过翻译和文化交流、跨境电商和国际贸易以及教育和旅游服务业等方面，承担起促进区域发展和国际合作的重要角色，为实现区域间的合作共赢和文化融合作出贡献。

西部陆海新通道的建设将促进西部地区与国际间的贸易往来和经济交流，因此，需要具备外语能力的人才来处理与国外客户的沟通和合作问题。这些人才可能需要精通英语、俄语、阿拉伯语、法语等语种，以满足不同国家和地区的需求。西部陆海新通道建设可能还会带来更多的国际旅游和文化交流活动，需要外语人才来提供语言导游、翻译、文化交流等服务。这些人才需要熟练掌握对外语言，并了解不同国家和地区的文化背景和礼仪，以提供更好更专业的服务。西部陆海新通道的建设也会吸引更多外资企业和跨国公司进入该地区。这些企业需要外语专业人才来处理与国外总部和客户的业务往来，如外贸销售、市场开拓、供应链管理等。苏科伍和马小利指出，科技进步、外贸升级、改革开放，三者互动演进，改革开放的制度创新松开了科学技术的枷锁，让科学技术得到了更加自由的发展，极大地解放了科技生产力。[12]西部陆海新通道的建设对外语人才的需求会逐渐增加。对于外语专业人才来说，可以借此机会选择适合自己的外语学习和职业发展方向，并提升自己在这方面的能力和竞争力。

在西部陆海新通道建设背景下，外语专业人才将有更多的就业机会和发展空间。他们可以通过提供翻译服务、参与文化交流、从事市场推广等工作，为西部地区的经济发展和国际交流作出贡献。西部陆海新通道的建设将促进西部地区与国际市场的联系和交流。随着贸易和投资活动的增加，对外语翻译和口笔译人才的需求将大幅增加。外语专业人才可以通过为企业和政府机构提供翻译和口译服务来获得就业机会。西部陆海新通道的建设将带来更多的国际文化交流和合作。外语专业人才可以在国际文化交流活动、学术交流会议和展览活动等场合担任翻译和交流工作，与国际专家和学者互动，扩展自己的人脉和知识面。西部陆海新通道的建设将吸引更多的外资和外国企业进入西部地区。外语专业人才可以在这些外企或跨国公司中从事翻译、销售、市场推广等工作,为企业拓展国际市场提供支持。随着西部陆海新通道的建设,西部地区的旅游业也将迎来发展机遇。外语专业人才可以在旅游行业从事导游、翻译等工作,帮助国内外游客更好地了解和体验西部地区的文化和风景。

韩亚峰指出,技术水平的提升、市场规模的扩大会提升中国对"一带一路"沿线国家的进出口水平,但是中国与"一带一路"倡议沿线国家的距离越远,则越可能阻碍双边贸易的发展。[13]要抓住西部陆海新通道建设的机遇,外语专业人才需要不断提升自己的专业能力,关注政策动态,主动寻找合作机会,开拓国际视野,并建立个人形象品牌。通过以下策略,外语专业人才可以更好地适应市场需求,提高个人就业竞争力。不断提升语言水平和丰富专业知识,学习新兴行业的相关知识和技能。可以参加各种培训课程、考取相关证书,提高自己在外语翻译、文化交流等方面的能力。及时了解西部陆海新通道建设的政策和实施进展,包括有关外语人才需求的政策支持和引进措施,这样可以及时调整自身的学习和职业规划方向,更好地适应市场需求。与相关企业、政府机构和文化组织建立联系,了解他们在西部陆海新通道建设中的需求,并主动与其合作。可以参与相关活动、展会和项目,提供翻译、交流支持等服务,积累经验和人脉。积极参与国际学术交流、文化交流和志愿者活动,开拓个人国际视野,扩展其人际网络。可以通过参加国际会议、学者交流项目等方式,与国际专家和学者接触,了解最新的学术动态和行业趋势。建立个人网站、社交媒体账号等,展示自己的专业能力和经验。同时可以在上述平台定期发布相关资讯和翻译作品,提高自己的知名度和影响力。

刘英奎通过从基础设施、区域合作等六方面将西部地区与中东部地区进行比较,发现西部地区开放型经济存在诸多短板,提出西部地区应该建设高素质人才队伍等措施。[14]西部陆海新通道建设需要重庆高校外语专业的学生具备良好的语言能力、相关的专业知识、跨文化交际能力和实践经验。对于外语专业学生来说,他们需要具备良好的外语听说读写能力,能够准确理解和表达外语内容。尤其是英语、俄语、阿拉伯语等相关语种。学生需要熟悉相关语言和文化背景，了解西部陆海新通道相关国家和地区的历史、地理、政治、经济等方面的知识；掌握相关的专业词汇和用语，以便在与外国客户或合作伙伴交流时能够准确表达；了解和尊重不同文化之间的差异，具备良好的跨文化交际能力；适应与外国人进行合作和交流时理解并遵守相关的礼仪和行为准则，并通过参与相关的实习、交流项目或志愿者活动来积累实践经验。这些经验可以提升他们的语言能力和跨文化交际能力，并为其将来的发展打下良好基础。学生还可以通过相关的认证考试（如英语四六级、英语专业水平考试等）来提升自己的语言能力和专业素质。学生还可以通过系统学习、实践实习等方式来提升自己的能力，以满足这些要求。

  曾婧指出，我国应该出台相应措施，激励本国的产业结构升级，向着资源节约型、内涵扩张型发展，维护国际贸易环境的稳定，提升产品科技水平，降低贸易成本。[15]外语专业人才在西部陆海新通道建设中的使命是促进国际交流与合作、提升跨文化交际能力、为区域发展提供支持和服务。他们需要具备扎实的外语基础、跨文化交际的能力，并对文化背景有所了解，以更好地履行自己的使命。外语专业人才作为不同文化之间的桥梁和纽带，他们可以通过准确的语言翻译和交流沟通，促进西部地区与国外市场的贸易、文化和人员往来。他们可以帮助企业与国外客户进行有效的商务谈判和合作，为本地企业拓展国际市场搭建桥梁。外语专业人才要促进不同文化之间的交流和理解。他们需要具备跨文化交际的能力，尊重和理解不同文化的差异，避免误解和冲突。他们可以通过文化交流、翻译和背景解读，帮助拥有不同文化背景的双方更好地理解对方，促进友好合作和互惠互利。外语专业人才在西部陆海新通道建设中扮演着重要角色。他们可以帮助政府和企业了解国际市场和国际发展动态，为规划和决策提供有关外部环境的信息和建议。他们还可以通过借鉴国外成功经验和引进国外先进技术，促进本地区域的经济发展和创新。外语专业人才可以为西部地区提供专业的外语教育和培训，提高当地人的外语能力，拓宽其国际视野，提升其交流能力。此外，他们也可以为外企、跨国公司和外国游客提供语言导游、翻译和文化咨询等服务，提高交流便利性，满足多元化需求。

在西部陆海新通道建设背景下，外语专业人才也面临一些挑战：随着西部陆海新通道建设的推进，外语专业人才市场需求将增加，但同时也会吸引更多的外语专业人才涌入。因此，外语专业人才就业将面临更加激烈的竞争，需要不断提升自己的专业能力和综合素质，以脱颖而出。西部陆海新通道的建设涉及多个领域，如贸易、物流、旅游、文化交流等。外语专业人才需要具备广泛的知识和技能以适应不同领域的需求，并具备跨领域协同工作的能力。随着西部地区与国际市场的联系越发紧密，对外语专业人才的要求也会更高。外语专业人才需要适应不同国家和地区的商务礼仪、习俗和文化背景，同时为企业和政府提供符合当地需求的翻译和交流服务。此外，西部陆海新通道建设也带来了新的就业机会，外语专业人才需要对自己的职业规划和发展有清晰的认识和思考，找到适合自己的发展方向，并不断学习和积累经验，提高自身竞争力。我国西部地区在经济发展水平和行业需求方面与东部沿海地区存在一定差距。在西部地区从事外语专业人才的工作可能面临一些地域限制和业务不足的情况，需要有一定的适应能力和耐心。康益敏、朱先奇和李雪莲提出，强有力的相关制度会促进中国与经济发展水平较低的国家的对外贸易关系，而签署了双边自由贸易协定的国家将与中国有着更加紧密的经贸往来。[16]总的来说，虽然西部陆海新通道建设为外语专业人才带来了机遇，但也伴随着一些挑战。外语专业人才需要不断提升专业能力、适应不同领域的需求、提高外语水平和文化适应能力，同时要有清晰的职业规划和个人发展思路，克服地域差异，以应对各种挑战。

第二章　外语专业人才的文化自信培养

一、文化自信培育的意义

文化是一个广泛而复杂的概念，其具体含义可以从不同角度进行解释，但都包括以下几个方面。其一，共享的价值观和信仰。文化包括整个社会共同分享的价值观、信仰和伦理观念。这些共享的信仰和价值观形成了一个社会群体的基本行为准则和认知框架。其二，社会规范和行为准则。文化规定了社会成员在特定情境下的行为规范，包括行为规则、道德规范、法律规章等，帮助人们在社交和社会互动中相互理解和协作。其三，语言和交流。文化与语言密切相关，语言是文化的一种表达方式。通过语言，人们传递思想、价值观，延续历史文脉和文化传统，实现文化的传承和交流。其四，艺术和创造性表达。文化涉及艺术、文学、音乐、舞蹈等创造性表达形式。这些艺术形式通过符号和符号系统传递文化的情感、思想和审美观。其五，传统和习俗。文化包括一系列传统和习俗，这些是在特定社会中代代相传的特殊行为、仪式和庆典。它们有助于形成社会认同感和团结力量。其六，技术和工艺。文化常常涉及人们在特定环境中开发和应用的技术和工艺。这反映了对环境的适应和创新能力。其七，社会组织和制度。文化包括社会组织形式和制度结构，如家庭、宗教组织、政治体系等。这些组织和制度影响人们在社会中的角色和行为。其八，个体认同和归属感。文化在个体层面上塑造了人的认同感和归属感。个体通过文化认同来构建自己在社会中的身份。对于文化，梁漱溟先生界定说："文化并非别的，乃是人类生活的样法。"[17] 总的来说，文化是一个广泛且动态的概念，涵盖了人类社会的方方面面。它不仅是一种符号系统，也是人类社会共同体的生活方式、思维方式和创造方式的体现。文化在不同的社会和历史背景中表现出丰富的多样性。

文化是人类独有的现象，是人类社会的产物，由人类共同创造、传承和演化而来。文化包括人类社会共同的信仰、价值观、语言、习俗、艺术、科技等多个方面，通过这些元素，人们在社会中形成共同的认知框架和行为规范。人类通过创造和传承文化，将知识、价值观和技能代代相传。自然而然，文化也就成为一个连接过去、现在和未来的纽带，体现了人类的创造性和持久性。文化是社会共同体的表征，是人们在社会环境中共享和创造的。它反映了群体的共同认同和互动。语言、艺术、宗教等文化元素是人类表达认知和情感的方式。文化是一种符号系统，通过这些符号，人们能够传递思想、情感和经验。同时，文化在很大程度上塑造了人们的行为和思维模式。它提供了一个框架，规范了人们在特定社会背景下的行为准则和价值取向。总体而言，文化是人性的一部分，在塑造个体和社会身份、价值观念、思维方式等方面发挥着重要的作用。需要指出的是，文化是动态的，随着时间的推移和社会变迁，文化也在不断演化和更新，反映着人类对世界的理解和适应。

文化的实践性是指文化不仅仅是一种抽象的理念或概念，更是通过实际行动和日常生活中的实践来体现和传递的。文化的实践性强调人们通过各种活动、仪式、习俗等来实践和表达文化的内涵。各种仪式和庆典是文化实践的典型例子，包括婚礼、葬礼、节日等。通过这些仪式，人们表达对特定事件或价值的重视，并以具体的行动强化文化的传承。众所周知，语言是文化的重要组成部分，语言在人们日常生活中的使用传递文化的价值观、信仰和传统。交流是文化实践的载体，通过对话、故事传承、歌曲等形式，人们共享文化经验。文化实践也常常体现在日常生活和习俗中。饮食、着装、居住方式、日常礼仪，都能反映人们对于生活的特定看法和价值观。艺术和文学是文化实践的重要表达形式。绘画、音乐、文学作品等艺术家创作的作品不仅传递文化信息,而且展示出特定社会和时代的审美观。技术和工艺也是文化实践不可或缺的一部分。传统的手工艺、农业技术等体现了人们对环境和资源的理解和应用,也反映了文化的实际需求和特色。文化的实践性使文化不再停留在理论层面,而是融入人们的日常生活和行为中。通过实际的参与和经验,人们能更深刻地理解、传承和创新文化。文化的实践性也使得文化在不同社会和群体中呈现出多样性和灵活性。

文化的多样性指的是在不同地理、历史、社会和个体层面上,存在着各种各样的文化表现形式和特征。文化多样性涉及语言、宗教、价值观、传统、艺术、社会组织等多个方面,也反映了人类社会的丰富性和复杂性。不同的地区和群体往往使用不同的语言,每种语言都是一种文化表征。语言不仅是信息传递的工具,还承载着特定文化的价值观和认知方式。不同文化对宗教和信仰的理解和实践差异巨大。不同宗教教义、仪式和信仰体系形成了丰富多样的宗教文化。不同文化有着不同的价值观和伦理观念,对于家庭、社会责任、个体权利等方面的看法也存在差异,这直接影响到人们在社会中的行为和决策。不同文化表现出独特的艺术风格、文学体裁和创作主题。绘画、音乐、舞蹈、文学作品等都体现了文化的独特之处。传统和习俗是文化传承的一部分,而它们在不同文化中往往也表现出显著的差异。婚礼、葬礼、节日庆典等都是体现文化多样性的典型例子。生活方式和技术水平也能反映文化的多样性。气候、地理条件和历史背景的不同使得生活方式和技术应用的各异。文化的多样性丰富了人类社会的面貌,很大程度上能够促使人们更好地理解和尊重彼此的差异。这种多样性同时也是文化交流和融合的基础,促进各种文化之间的互动和共享。在全球化的时代背景下,理解和尊重文化多样性变得尤为重要,对建立更加包容、友好、和谐的国际社会关系大有裨益。

文化传承指的是人们将文化知识、价值观、技能和传统从一代传递到下一代的过程。这种传承不仅仅是简单的信息传递,还包括对文化内涵的理解、文化实践的培养和文化特征的保护。文化传承性在很大程度上影响着社会的连续性和稳定性。很多文化是以口头的方式传承的，如口述技艺、故事讲述、吟唱等方式将文化信息传递给后代。这种传承方式通常发生在家庭、社区和部落内。文学作品、宗教经典、历史记录等书面文化则是文化传承的另一种重要形式。这种传承方式有助于保存和传递大量的文化信息。借助仪式、庆典和重要节日，人们能够将文化的重要元素传递给下一代。这些活动往往以形式化和仪式化的方式进行，帮助塑造文化认同和价值观。学校和其他教育机构在文化传承中扮演着关键的角色。教育体系将文化意识融入课程教学、文化研究和学生培养之中，以促进文化的传承。宗教组织、家庭、社区等社会组织在文化传承中也发挥着重要作用。它们提供了一个传递文化价值观和规范的社交环境。一些文化中特有的工艺和技能就是通过师徒制度或家庭传承的方式被保留下来的。这种方式一定程度上确保了特定的手工艺和技术能够代代相传。文化的传承性是社会的一个重要方面，有助于维持社会的稳定性和连续性。然而，文化传承也面临一些挑战，包括文化冲突、经济全球化对传统价值的冲击、信息技术的影响等。在当今社会，平衡传统和现代，以及保护文化多样性是文化传承的重要考虑因素。

习近平总书记在党的十九大报告中指出："文化是一个国家、一个民族的灵魂。文化兴国运兴，文化强民族强。没有高度的文化自信，没有文化的繁荣昌盛，就没有中华民族伟大复兴。要坚持中国特色社会主义文化发展道路，激发全民族文化创新创造活力，建设社会主义文化强国。"[18]包容的态度是文化自信的前提。中华文化自古以来强调对不同文化、观念和信仰的包容与尊重，这意味着中国人应当有足够的信心去接纳和尊重多元的文化表达，同时坚守自己的文化特色。文化自信是指一个国家或民族对自己文化的认同、自豪感和自信心。在中华文化的传统中，包容性的思想一直是重要的价值观之一。这表现在对不同地域、民族、宗教、思想观念的包容，形成了中华文化的多元性和丰富性。在当今经济全球化的背景下，不同文化相互交流、融合是不可避免的。中华民族包容的态度有助于构建和谐的国际社会关系，促进文化多样性和繁荣。只有在这种包容性的基础上，文化自信才能更加深厚和有力。董学文从文化自信构成的角度将文化自信理解为优秀的文化传统以及我们自己的理想、学识和信念组成了文化自信，这是一种从内心深处出发的尊敬、信任。[19]文化自信并非排他性的自信，而是在与他文化的对话与合作中不断发展和壮大。中华民族包容的态度与文化自信相辅相成，共同构筑了中国在全球文化交流中独具特色的地位。开放性是文化自信的另一个重要必要条件。文化自信并不意味着封闭、排他或对外部文化持敌意的态度，而是应该建立在开放的心态和对多元文化的包容之上。开放性包含了对外部文化的接纳、学习和对话。邱柏生则将文化自信视为一种个体的内在文化修养，认为文化自信是高度自觉，不可盲目自信。另外，他认为文化自信是一种成熟的精神表现，是一种潜移默化的文化修养，时刻保持知己知彼的文化精神。[20]一个具有文化自信的国家或民族应该敢于面对现实世界，愿意借鉴、吸收其他文化的优秀成果，与其他文化进行交流互鉴。这种开放的姿态有助于推动文化的繁荣与发展，使文化自信更加丰富和深厚。在开放的基础上，一个国家或民族可以更好地适应全球化的潮流，积极参与国际合作与竞争。开放性也意味着对多样性的尊重，不仅在国内保护多元文化的存在，还在国际上与其他文化平等相待。文化自信与开放性相结合，将使一个国家更能在全球文化舞台上展现独特魅力，同时也更有助于构建开放、包容、共赢的国际文化环境。

文化认知、文化认同和文化自觉被视为构建文化自信的基础。这三个方面的相互交织，形成了个体或群体对自己文化的深刻理解、坚定文化认同和文化自觉意识。文化认知涉及对自己文化的深入了解，包括历史、价值观、传统、习俗等方面。通过对文化的认知，个体能够更好地理解自己所处的文化环境，形成对文化更客观、更全面的认识。文化认同是指个体对自己所属文化的情感认同和归属感。这包括对文化特色的自豪感、共同价值观的认同以及文化传统的珍视。文化认同使个体在面对外部挑战和变革时能够更加坚定地保持个人特色。文化自觉是指个体或群体对自身文化在不同情境下的地位和作用有清晰的认识，这包括在跨文化交流中保持自主性和主动性，不仅能够在尊重他人文化的前提下维护自身文化的权益，还能够在文化交流中作出积极贡献。文化认知、文化认同和文化自觉三者之间相互促进，形成了对文化的全面理解、深刻认同和自觉意识，这种综合性的文化自信使个体更能够应对文化冲突，保持个人特色，并在多元文化的环境中融洽共生。

文化创新发展被视为文化自信的动力，文化自信不应停留于对传统文化的保守态度或简单重复，而更应该表现为对自身文化不断地创造和更新。文化创新是一种对传统文化进行有益发展和适应的过程，为文化自信注入新的活力。文化创新鼓励人们挑战传统观念，寻找新的表达方式、艺术形式和文化产品。通过释放创造力，一个文化能够持续发展并在全球文化舞台上展现独特的魅力。面对快速变化的社会和技术环境，文化创新使文化能够更好地适应新的挑战和机遇。具有文化自信的社会更愿意在传统文化基础上进行创新，保持文化的活力。通过文化创新，一个国家或民族能够更积极地参与跨文化交流。创新的文化产品和观念能够吸引他国人士的兴趣，促进文化的多元对话与交流。文化创新可以成为弘扬文化自信的手段。通过推陈出新，重新诠释传统元素，经济社会能够在传承中得到发展，同时展示文化的当代性与前瞻性。文化创新发展为文化自信提供了不断前进的动力，促使文化在变革中保持自信、开放和活力。这有助于文化在全球化的环境中更好地立足，保持其独特性和吸引力。

文化自信教育被认为是坚定文化自信的根本方法之一。中华民族历史文化悠久，其中有精华有糟粕，我们要取其精华发扬传承。[21]通过教育体系中的相关课程和活动，个体和社会可以更好地理解、认同和弘扬中华文化，培养自身的文化自信。以下是文化自信教育的一些重要方面：文化自信教育强调对中华传统文化的传承，包括语言、历史、文学、艺术等方面的教育，使学生了解和尊重自己的文化根源。教育体系应当帮助学生深入了解自己所属的文化，包括文化的起源、发展历程、价值观等。这有助于建立对自身文化全面的认知。文化自信教育不仅要关注中华文化，还要注重在经济全球化背景下的跨文化交流与对话，使学生学会尊重和理解其他文化，培养具有开放性和包容性的学生。教育体系应鼓励学生运用文化创新思维，将传统文化与现代社会相结合，寻找创新的表达方式和解决问题的方法。通过实地考察、文化活动、艺术表演等实践活动，学生能够更直观地感受中华文化的魅力，增强对中华文化的自信心。文化自信教育应当培养学生独立思考的能力，让他们能够主动深入研究中华文化，并对其进行文化创新思考和应用。文化自信教育旨在让学生不仅在知识层面上了解文化，更在情感、态度和价值观的层面上建立对自身文化的自信，使其能够在不同的文化环境中自如地表达、理解和与他人交流。这种教育能够为个体和社会建设文化自信提供坚实的基础。

2014年，习近平总书记在《在文艺工作座谈会上的讲话》中指出："在几千年的历史流变中，中华民族从来不是一帆风顺的，遇到了无数艰难困苦，但我们都挺过来、走过来了，其中一个很重要的原因就是世世代代的中华儿女培育和发展了独具特色、博大精深的中华文化，为中华民族克服困难、生生不息提供了强大精神支撑。"[22]文化自信教育对当代大学生的意义在于培养他们对自己民族文化的认同和自豪感，同时也能加深他们对其他文化的理解和尊重。文化自信教育可以帮助大学生建立自己的价值观和人生观。在经济全球化的背景下，大学生面临来自各种文化的冲击和影响，需要有足够的文化自信来保持自己的独特性，坚守社会主义核心价值观。通过深入了解自身民族的历史、传统和价值观，大学生能够更好地认识自己，确定个人的发展方向，并在面对各种选择时做出正确的决策。文化自信教育能够增强大学生的自信心和竞争力。当代大学生毕业后面临的竞争非常激烈，他们需要有足够的信心去应对各种挑战和困难。文化自信能够帮助他们建立起自己的核心优势，增强自己的自信心，并在学习、工作和社交中表现出色。同时，文化自信教育也能够让大学生更好地理解和融入不同文化的环境，增强他们的跨文化交流和合作能力，提高他们在职业发展中的竞争力。文化自信教育有助于促进社会和谐与文化多样性的发展。当今社会面临着全球文化冲突和文化认同问题，文化自信教育能够帮助大学生更好地理解和尊重他人的文化，避免偏见和歧视，并促进不同文化之间的对话与合作。通过践行文化自信，大学生能够为社会和谐的发展作出积极贡献，推动文化多样性的繁荣和发展。同时，大学生应该不断培养和提升自己的文化自信，为个人和社会的发展作出积极贡献。

廖小琴认为，在多元文化背景下，只有增强文化自觉和文化自信，通过深刻领悟社会主义文化的先进性，增强自我价值主导性；强化对中华优秀传统文化的认同，增强精神生活归属感；批判吸收世界优秀文化成果，丰富精神生活内涵；增强文化甄别能力和消费能力，提升精神生活主体价值等路径，才能使人走出多元文化冲突的现实困境，在共享文化发展成果中不断提升精神生活质量。[23]外语专业学生要建立文化自信，这不仅有助于更好地掌握目标语言，提高跨文化交际能力，还能够充分发挥自身的专业优势，增强就业竞争力，促进文化交流与合作，推动世界的多元发展。语言和文化是紧密相关的，因此学习一门外国语言时，了解该语言背后的文化特点是非常有必要的。学生在外语学习过程中建立起文化自信，才能更好地理解和掌握目标语言的语言规则、表达方式和文化内涵，从而提高外语学习的质量和效果。作为外语专业学生，他们将来可能需要与目标语为母语的人进行跨文化交流和合作。若没有文化自信作为基础，他们很容易在跨文化交流中出现误解、偏见和冲突。建立文化自信可以帮助他们更好地尊重和理解其他文化，避免文化冲突，提升跨文化交际能力。外语专业学生有着良好的语言学习基础，往往掌握了一门或多门外语的沟通能力。建立文化自信可以帮助他们更好地发挥自身的专业优势，对外传播中华民族文化，增进不同文化之间的交流和理解，扮演文化交流的角色。具备文化自信的外语专业学生在就业市场上更具竞争力，因为随着经济全球化深入发展，文化交流与合作的需求不断增加，企业对具备跨文化沟通能力的人才需求也在增加。建立文化自信，能够提高外语专业学生的综合素质，增强他们在跨国公司、文化交流机构以及旅游相关行业的就业竞争力。

习近平总书记曾说过："一项没有文化支撑的事业难以持续长久。"[24]外语专业人才的历史使命是促进跨文化交流与理解，推动国际贸易和经济合作，促进教育与学术合作，传播中华文化，以及担任双方合作沟通的桥梁和友谊使者的角色。他们的工作对促进世界各国之间的相互了解、合作与发展具有重要意义。外语专业人才能够通过口译、笔译等方式帮助不同国家和地区的人们进行跨文化的交流和理解。他们能够搭建沟通的桥梁，解决语言障碍，促进各方之间的合作、沟通和友好关系的建立。外语专业人才在推动国际贸易和经济合作方面扮演着重要角色。他们能够提供商务谈判、市场调研、营销推广等支持，帮助企业与外国合作伙伴有效沟通，拓宽市场，促进贸易与经济的发展。外语专业人才能够促进教育和学术合作。他们可以担任外语教师，教授外国语言、文化和知识，帮助学生掌握相关知识和技能。同时，他们也可以参与学术交流，促进学术合作、研究合作等，推动知识与文化的传播与交流。外语专业人才可以通过语言沟通交流传播本国的文化和价值观。他们能够翻译和传播本国文学、电影、音乐等文化产品，增进国家间的文化了解和友谊。同时，他们也能够向外国人介绍本国的传统、习俗、历史等，加深相互间的文化认知。外语专业人才作为桥梁和使者，既能够促进国际间的交流与合作，也能够在国内推动文化多元化和交流。他们可以参与国内外的文化交流活动，为不同文化之间的对话搭建平台和提供机会，促进文化多样性和文化交融。在西部陆海新通道建设背景下，重庆外语专业人才的历史使命是促进沿线国家和地区的文化交流与经贸合作，增进国际友谊，并为西部陆海新通道的发展作出贡献。重庆作为西部陆海新通道的枢纽城市，外语专业人才需要承担起语言沟通的使命。他们需要熟练掌握多种外语，包括西部陆海新通道沿线国家的语言，如英语、俄语、泰语等，以便能够与各国人员进行有效的沟通和交流。语言交流可以促进双方的了解和合作，从而推动西部陆海新通道的发展。重庆外语专业人才还需要承担国际交流的使命。随着西部陆海新通道跨境公路班车线路的增加，重庆将成为国际合作的重要枢纽。2024年3月26日，《人民日报》的新闻报道更是印证了这一说法。西部陆海新通道2023年运行数据如下：沿线省份平台企业运营的铁海联运班列、跨境公路班车（重庆、四川）、国际铁路联运班列（重庆、广西、四川）运输集装箱共计61.52万标箱，同比增长7%；货值643.26亿元，同比增长16%。在此背景下，外语专业人才需要能够胜任国际事务的工作，包括翻译、协商、谈判等。他们需要掌握专业知识，了解国际惯例和交往规则，能够准确传达各方意图，推动各国之间的合作。重庆外语专业人才还需要承担文化交流的使命，西部陆海新通道的建设将带来不同国家和地区的文化交融，外语专业人才需要具备跨文化交流的能力，了解各国文化的差异，帮助促进文化的交流与融合。只有了解和尊重对方的文化，才能促进友好交流，加强合作。重庆外语专业人才在西部陆海新通道建设背景下的历史使命是促进国际交流与合作，加强国际友谊，推动世界文化的多元发展。

树立文化自信可以帮助对外贸易人员更好地与不同国家和地区的商业伙伴交流，增强自信心和说服力，建立良好的信任合作关系，以推动国际市场的拓展。这是对外贸易成功的重要因素之一。对外贸易人员在与不同国家和地区的商业伙伴交往时，会遇到各种不同的文化背景、价值观交流方式和生活习惯。只有树立文化自信，并对自己的文化有深入了解，才能更好地理解和尊重不同文化间差异，从而促进跨文化交流，建立良好的合作关系。树立文化自信可以使对外贸易人员更加自信地代表自己的国家和文化，展示自己的优点和特色。这种自信心和说服力可以帮助他们在商务谈判、销售推广等过程中更好地表达自己的观点和提出建议，赢得对方的认可和信任。一般地，对外贸易涉及长期的合作关系，而建立互信和友好关系是非常重要的。树立文化自信可以帮助对外贸易人员更好地理解和尊重对方的需求，避免因文化差异引发误解和冲突，从而建立良好的商业合作关系，提高合作的效果和双方贸易成功的概率。国际市场是多元化的，消费者具有不同的文化背景和需求。如果对外贸易人员树立了文化自信，并以此为基础开展市场分析和市场推广，则能更好地把握不同国家和地区的市场需求，推动产品和服务的定位和品牌营销，从而拓展国际市场，实现更好的经济效益。

不可否认的是，外语专业学生在建立文化自信方面可能存在对母语文化的忽视、文化理解的片面性、对文化认同的困惑、学科知识与文化的脱节、缺乏实践机会等不足。加上外语学习的重心在于掌握目标语言的使用，学生有时会忽视对自己母语文化的学习和了解，缺乏对母语文化的自信和自豪。学生有时只注重对外语国家的文化学习，而对母语文化相对漠视，这可能导致对母语文化的认知不足，以及跨文化交流中的不适应和冲突。此外，外语专业学生常常需要接触不同的文化和价值观，他们可能会表现出文化认同的困惑。可能面临对自己文化的认同与目标语言文化的认同之间的矛盾。外语专业学生在学习过程中，有时会过于强调语言技能和文学知识，而忽视文化的综合性和广度。这会导致学生对文化的理解不够深入和全面，进而影响他们文化自信的树立。为解决这些不足，外语专业学生可以积极参与本国文化的学习和传承，并加强对母语文化的认同。同时，重视对不同文化的深入了解和尊重，积极参与文化交流活动，拓宽自己的视野和经验。此外，学校可以通过增加文化教育课程和提供实践机会等方式，帮助学生全面提升文化自信。

大学生缺乏文化自信可能影响学生对学科的兴趣和投入，从而导致学业表现不佳。对文化的不自信可能使得学生对相关领域的学习产生恐惧心理，影响学科的深度理解和掌握。文化自信的缺失可能导致学生在社交场合中感到不安或自卑，使其难以建立和维护人际关系。这可能影响到团队合作、社团参与和人际沟通等方面，给个人发展和职业机会带来不利影响。在当今竞争激烈的职场中，文化自信是一个重要的软技能。缺乏文化自信可能导致个体在求职面试中表现不佳，难以展示自己的价值和潜力。同时，在跨文化的工作环境中，文化自信也是成功融入团队的重要因素。文化自信有助于培养个体的批判性思维和创新能力。缺乏这种自信可能使得个体更加依赖他人的观点和想法，难以独立思考和解决问题。缺失文化自信可能导致个体对自身文化的认同危机，产生身份焦虑或自我排斥的情绪。这可能对心理健康产生负面影响，影响个体的生活质量。为了解决这些问题，教育体系和社会应该培养学生的文化自信，通过多元文化教育、跨学科研究以及鼓励学生参与社会和文化活动，提高他们对自己文化的认同感和自信心。外语专业学生缺乏文化自信可能影响外语学习的积极性和主动性，使学生在语言表达、听说读写等方面进展缓慢，影响其语言水平的提高。外语专业学生需要具备跨文化交流的能力，而文化自信的缺失可能导致学生在与其他文化背景的人交流时感到不自在，难以理解和尊重不同文化的差异。在经济全球化时代，外语专业学生通常需要与国际社会打交道。文化自信的不足可能使得学生在国际职场中难以适应，阻碍其在国际企业或组织中的职业发展。缺乏文化自信可能导致在翻译工作中难以准确传达他国文化内涵，影响笔译的质量和口译的准确性。文化自信的缺失可能使学生难以适应并处理在外语学习和实践中可能出现的文化冲突。这可能在国际环境中引起误解、紧张或不适应。对于外语专业的学生来说，文化自信也涉及对相关文学、历史和社会等文化背景的理解。缺乏文化自信可能使其学术研究变得困难，影响学术成就。外语专业教育尤其应当注重培养学生的文化自信，不仅要关注语言技能的提高，还要加强学生文学、历史和社会等学科知识的培养，鼓励他们积极参与与外语相关的实践活动和交流，以提高其在跨文化环境中的适应力和文化自信心。

文化自信，是一个国家、一个民族、一个政党对自身文化价值的充分肯定和积极践行，是对自身文化生命力的坚定信念。它包含自尊与自豪、开放与包容、传承与创新、自觉与自省、国际化与本土化等方面。文化自信源自对传统文化的认同和认可，以及对自身文化的传承与创新。它涵盖了对文化的历史、文学、艺术、宗教、哲学等方面的肯定和珍视。文化自信并非文化排他和歧视，而是建立在开放和包容基础上的对其他文化的多样性的欣赏、尊重和接纳，同时保持自身文化的独特性。文化自信既要传承传统文化的精神和价值观，又要敢于面对变革和创新，保持文化的活力和与时代的联系。它不仅是对过去的尊重，也是对未来的一种信心。仲呈祥提出，文化自信需要坚持以往传统文化中优秀的部分并且对其进行改革和优化，文化自信可以借鉴国外的一些优良文化，尤其是马克思主义哲学思想。[25]文化自信需要自觉地了解和审视自身文化的优势和不足，并以对比和对话的方式与其他文化进行交流和学习。这需要在自我认同的基础上进行反思和批判，进一步提升文化的内涵和质量。文化自信既要与国际接轨，参与全球文化交流和对话，也要保持本土文化的特色和独立性。文化自信不是封闭和僵化的，而是积极适应和塑造时代的文化走向。总之，文化自信是对自身文化的自觉认同，既要与其他文化进行对话和交流，又要保持自身文化的独立性和价值观。文化自信是个体、民族和国家形成身份认同和价值观的内在力量，也是推动跨文化交流的重要基础。刘芳指出高度的文化自觉和文化自信是实现中华民族伟大复兴的强大精神力量，是推动中华文化走向世界的重要保证，是社会主义文化大发展大繁荣的思想基础。在新的历史起点上不断提升文化自觉和文化自信，一是要始终不渝地坚持马克思主义的指导地位，为培养高度的文化自觉和文化自信奠定更扎实的信仰基础；二是要坚持弘扬中华优秀文化与吸纳西方先进文化的有机结合；三是要继承发扬中华民族在文化自觉和文化自信上的优良传统，使我们的文化自觉和文化自信不断进入新境界。[26]

二、文化自信培育方面存在的问题及成因分析

由于我国高校长期以来的教育模式注重语言技能的培养而忽视了文化背景知识的学习，所以许多外语专业学生在了解和理解自己民族文化和历史方面较为匮乏。外语专业学生在学习外语时往往更加注重语法、词汇和交流技巧等方面，而较少关注与文化相关的内容。这使得他们在外语交流中可能出现误解、不恰当的语言使用等问题。一些外语专业学生可能会忽视自身文化的价值，更倾向于模仿西方文化，对本土文化缺乏自信。这也导致在跨文化交流中，他们常常表现出对西方文化的过分崇拜或带有偏见的态度。

外语专业学生容易出现对中华文化理解不深，以及过于注重语言技能的培养，而忽略了语言与文化之间的密切联系等问题。虽然他们的外语水平能够达到流利运用的程度，但对语言背后的文化内涵缺乏深刻理解。有些外语专业学生可能因为缺乏对中华文化的深入了解而产生文化差异的误解。比如，对于一些习以为常的文化现象或传统习俗，他们可能缺乏深刻的认知。中华文化蕴含着丰富的思想文化，包括儒家、道家、佛家等思想。有些外语专业学生可能对这些传统价值观的理解较为浅薄，无法深入体会其在社会中的影响。中华文化有着悠久的历史和丰富的文学传统，但有些外语专业学生可能对这些方面的了解不够深入，如缺乏对古代经典文学作品的深刻理解和重大历史事件的准确把握。中国传统艺术包括绘画、音乐、舞蹈等多个领域，外语专业学生可能对这些艺术形式缺乏深刻理解，无法欣赏其独特之处。正是因为学生在面对中华文化时感到自信心不足，才使其不能自信地表

达对中华文化的理解以及不能更好地形成对传统文化价值的认同。

外语专业学生容易对外国文化形成简单化、刻板的印象，只看到了部分表面的文化现象，而忽略了其多样性和复杂性。由于缺乏对外国文化的深入研究，学生可能对外国文化的某些方面产生误解，将其一概而论，忽略了不同国家、地区、群体之间的差异。尤其是西方文化，学生可能只从当前的社会和文化现象出发，缺乏对其历史发展的全面理解，对某些文化现象的深层次根源也缺乏认知。例如，学生可能在西方价值观念的理解上存在偏差，因为这些价值观念与其本国文化的价值观存在差异，可能导致对西方文化的不理解或偏见。西方文化在文学、艺术等方面有着丰富的传统，但学生因对西方文学名著、艺术作品等缺乏深入了解，无法准确理解其文化内涵。再加上文化差异的影响，学生在跨文化交流中会遇到困难，常常是无法准确理解西方人的沟通方式和文化习惯，而一些外语专业课程可能过于强调语言技能培养，对文化理解的重视程度相对不足，导致学生对西方文化产生盲从。此外，一些外语专业教材也更注重西方文化的传播，而较少涉及对中国文化的介绍，导致学生对自己国家文化的认识不足。社会上对西方文化的崇拜或盲从也可能渗入到学生的学术研究中。网络媒体、影视作品等在传播西方文化上也是一个不可忽略的因素。一些外语专业学生有西方国家留学经历，使得他们更容易接触到西方文化，在文化观念上产生盲从，觉得西方文化更先进。在经济全球化的时代，西方国家借全球化之机，力图把自己的文化模式和价值观念普适化，同化其他文明与民族文化，力求使西方文化成为世界文化的模板，以达到同质化的目的。[27]

外语专业学生容易对当代中国先进文化关注不够。一般地，外语专业的课程会过于注重语言技能和传统文学，而缺乏对当代中国先进文化的关注。一些外语专业教材也未能及时更新和及时反映当代中国的先进文化成就。外语专业学生通常比较注重语言和文学方面的学习，较少接触其他学科的先进知识和信息。学生的关注点也会受到社会热点和媒体关注的影响，更容易关注国际文化而忽视当代中国的先进文化。不得不提的是，学生自身也缺乏主动获取当代中国先进文化信息的动力。加上缺乏实践机会，有些外语专业学生难以真正了解当代中国先进文化的实际发展情况。

部分外语专业学生在学习过程中或多或少都会接受一些外国文化的价值观念,并将其引入自己的思维模式,从而导致对中华文化的价值认知出现偏离。中华文化注重家庭、尊敬长辈、孝道等观念,与西方文化更强调个人独立和自由有很大的区别,少数外语专业学生可能倾向于忽视或质疑这些传统道德观念的重要性。总之,因缺乏对中华文化深入了解,部分外语专业学生可能会对中华文化产生陈旧或刻板的印象,认为它们与现代社会脱节,不符合时代要求。

在互联网迅速普及的今天,有些高校的网络文化规范管理存在一些问题,一些大学师生网络安全意识不强,对于网络言论的负面影响以及可能带来的后果认识不足。同时,有些学校在网络教育方面也可能存在不足。一般,高校的网络环境是开放自由的,学生有更大的自主权和言论自由,这很容易导致一些不当的言论出现。一些学校缺乏明确的网络文化规章制度,或者规章制度没有得到有效执行和监管,导致学生在网络上的行为得不到有效的约束和管理。网络广告和购物网站的便利使得学生更容易产生攀比心理和物质主义的观念,忽视努力学习和自我提升的重要性。这种观念可能导致学生追求虚荣,忽略了真正的专业学习和个人发展。网络上的一些"成功"人士的故事及其短期获利方式会对学生的观念产生影响,导致学生过于追求眼前的利益,而忽视了长期的学习和专业发展。这种观念可能使学生缺乏耐心和毅力去追求稳定的职业发展。网络上不可避免地存在一些不良信息和价值观,如网络暴力和不道德的内容。这都会对学生的价值观产生冲击,甚至影响他们对社会问题的判断和个人职业发展规划。网络文化对外语专业学生的思想道德体系产生的一系列影响取决于学生在网络上的行为、接触到的信息和个体差异。这不仅是因为学生在网络上获取的信息更为碎片化,难以形成系统化的思想体系,还因为网络上多元的价值观很容易使学生陷入相对主义的思考,对道德价值的绝对性产生怀疑。例如,一些网络环境中的不当言论、低级趣味等,可能会冲击到学生的道德观。尤其是一些学生在网络上较为忽视个人隐私问题,这可能影响他们对待他人隐私的态度。

高校语言和外语教育体系受传统文化教育的影响，更偏向于文本教学，忽视当代社会文化的变革。比如，一些学科和课程更注重经典文本和传统知识的传授，而较少涉及当代社会的文化表达和多元文化的认知。学术评估体系因注重衡量学生对文本知识的掌握，导致教育过程中对实际社会文化体验的忽视。学校使用的教材和教学资源也更倾向于经典文本，缺乏多样性和现代性；在文化自信教育中，过于强调具体的文化符号、象征物品或传统习俗，而忽视了背后的深层文化内涵和多元性。这会导致学生对文化的理解停留在表面层面，难以真正领悟文化的多层次和复杂性。学校为了宣传形象或塑造文化自信，更注重并突出一些具体的文化符号和象征，而忽视深层次的文化内涵。加上学校受限于教育资源，难以提供多样性和有深度的文化教育内容，而偏向于简化和象征性的文化教育内容的呈现。

新文化运动是20世纪初中国社会思潮的重要事件之一，对中国传统文化产生了深远的影响。新文化运动批判传统文化，其兴起与陈独秀在上海创办的"青年杂志"密切相关，进步学生和先进知识分子对封建制度和传统文化的束缚感到不满，呼吁革新。陈独秀认为，西洋人因为拥护德先生、赛先生，闹了多少事，流了多少血，德、赛两先生才渐渐从黑暗中把他们救出，引到光明世界。我们现在认定只有这两位先生，可以救治中国政治上、道德上、艺术上、思想上一切的黑暗。[28]新文化运动主张推动社会现代化，提倡科学、民主、自由的现代文明观念。新文化运动推动了现代思想的传播，强调学术独立、实用主义、实证研究，对中国传统文化的古典经典主义提出了质疑，促进了中国社会的现代化转型。新文化运动对文学的影响尤为显著，提倡白话文，反对文言文，主张文学要与社会现实相联系。新文化运动推动了现代文学的发展，使得文学作品更贴近人民生活，打破了传统文学的约束，促成了现代文学的崛起。新文化运动对中国传统文化产生了巨大的冲击，但也为中国社会的现代化转型提供了思想基础，促进了一系列社会变革。新文化运动的思想观念对后来中国现代化的发展产生了深远的影响，但对中国的传统文化也造成了一定程度的破坏。

五四运动像一把高高举起的火炬，照亮了中国人民探索道路的征程，深刻影响了此后中国历史的发展。广义的五四运动，不仅包括1919年5月4日开启的反帝爱国运动，还包含其他两方面重要内容：一是新文化运动的思想启蒙，二是五四运动后出现的社会改造思潮和社会革命运动。包含思想启蒙、反帝爱国、社会革命三大内容的五四运动，孕育了爱国、进步、民主、科学的伟大精神，为中国社会发展掀开了新篇章。传统的封建等级制度和思想权威体系受到了严重挑战，其中包括家长制度、世袭制度和儒家思想中的等级观念等。五四运动强调科学知识。传统文化受到了西方现代思想的冲击，甚至有人认为传统文化是导致中国落后和束缚社会进步的主要原因。大量学者开始研究西方文化思想，并将其引入中国。五四运动后，一些知识分子对传统文化进行了重新解读，提出了"新文化""新道德"等概念。这是因为一方面五四运动激起了社会对传统文化的批判和质疑，甚至摒弃了一部分传统文化；另一方面，五四运动也促使人们重新思考和审视传统文化。五四运动为中国社会带来了深刻的变革，影响了后来的文化发展和思想风潮。

新文化运动和五四精神对新时代的大学文化自信教育产生了积极的影响，使大学教育更加科学化、民主化、现代化和国际化，注重培养学生的科学思维、国际视野、独立思考和创新能力，这有助于培养具有自信、包容、开放和创新精神的新时代大学生。新文化运动和五四运动强调科学和民主，以及对传统文化的批判和反思，使得大学教育更加倾向于推崇科学精神和学术自由。新文化运动和五四运动强调现代性和国际化，倡导引进西方文化和知识，使得大学教育开始注重培养学生的国际视野和跨文化交流能力。新文化运动和五四运动强调个人自由和平等理念，反对封建迷信和封建道德观念，使得大学教育更加注重培养学生的批判和科学精神，强调平等的教育机会和资源分配。同时，我们应该注意到新文化运动和五四精神对新时代的大学文化自信教育也存在一些消极影响。首先，新文化运动和五四运动中部分先进分子对传统文化持批判态度，导致了对传统文化的贬低和忽视。在推崇西方文化的同时，对中国传统文化的重要性和价值进行了质疑，这可能导致学生对自己国家的历史、文化和传统了解不足，缺乏对中国传统文化的认同和自信。其次，新文化运动和五四运动中部分先进分子过分追求西方文化和知识，导致了对本土文化的忽视和边缘化。此外，一些偏激分子过于强调个人主义和自由，导致对团体和社会责任的忽视。比如，过于追求个性化和自由选择可能使得学生更加注重自我实现和个人利益，缺乏对社会和集体价值的认同和担当。

1978年，党的十一届三中全会开启了我国经济建设的历史新征程，改革开放背景下四十多年的市场经济在创造出巨大成就的同时，也引发了一些新的问题，其中就包括大学生的文化自信教育。在市场经济中，就业竞争愈加激烈，学生和家长普遍关注就业前景和薪资待遇。高等院校为了吸引更多的学生报考，更加注重培养与经济市场需求相关的专业技能，而忽视传统文化和人文素养等方面的教育。这使得部分高等院校的教育更趋向于功利主义，偏离了培养具有文化自信的综合人才的目标。市场经济中企业以利益为导向，个体追求经济利益的动力较强。这可能导致部分学生更加倾向于追求经济成功和物质享受，对传统文化和人文价值的认同度降低。在这种环境下高校教育面临着挑战，不仅需要加强文化自信教育，还要培养学生的人文精神和社会责任感。

市场经济下，一些高校面临着与企业合作方面逐渐商业化的压力，即将学校视为经济企业来运营。导致一些学校追求经济利益而牺牲人文社科教育。高校为了获取资金和资源的支持，办学理念会受到外界力量的影响，可能会更多地追求与商业利益相关的项目和研究方向，而忽略了文化自信教育。在全球经济不景气，国内经济下行压力下，大学毕业生的就业压力日益增大。学生和家长越来越关注就业前景和薪资待遇，学生也更加倾向于选择与经济利益相关的专业和技能，对传统文化和人文价值的认同度下降。

由上文可知，高校往往需要依靠市场化手段来获得一定资金和资源的支持。在这个过程中，难以避免地会出现迎合市场需求的情况。这可能导致高校的文化自信教育受到市场化的冲击。市场经济下文化商品倾向于实用性，强调高校专业应与市场需求相适应。这可能导致高校在学科设置上偏向于实用性，而忽视对传统文化、人文艺术等方面的培养，从而削弱了高校文化自信教育的内容和力度。当前大学生就业的压力日益增加，职业竞争力往往又与市场能力和个人技能直接相关。在这种压力下，高校会更加注重学生的职业技能培养，而忽视对学生文化自信的培养，导致高校的教育模式更加偏向于就业导向，而忽视学生的人文关怀和综合素养的培养。市场经济的文化商品往往伴随丰富多彩的娱乐文化，而这种文化可能对传统文化和学生的文化自信构成冲击。大学生可能更多地追求流行文化，而忽视对传统文化的了解和传承，导致高校文化自信教育面临流行文化冲击的挑战。

西方文化对我国大学生文化自信培育也产生了一定的冲击。西方文化和中国传统文化在价值观念上存在差异。西方文化强调个人主义、自由、平等等价值观，而中国传统文化注重集体主义、孝道等价值观。一些大学生在接触西方文化后，会对我国传统文化的价值观产生怀疑和认同危机，从而影响其文化自信的培育。例如，一些大学生被西方文化所吸引，却又不愿远离自身的传统文化。这种困惑导致他们对自己的文化身份感到迷茫。西方文化对中国大学教育模式的影响也不容忽视。西方大学教育模式强调学生自主性、批判性思维和创新能力的培养，而传统的中国大学教育注重知识传授。教育方式的变革导致学生对传统教育模式产生怀疑和自身能力的不自信。西方文化在全球范围内有较强的影响力，尤其是在流行文化和娱乐方面。我国外语专业学生有更多的机会接触和消费西方流行文化，相对可能会忽视对本土文化的传承和发展。这种文化消费会削弱外语专业学生对本土文化的认同和对文化自信的培养。

不得不说的是，英语作为国际通用语言，不仅在全球范围内广泛使用，而且在科技、商务、娱乐等领域中也占有重要地位。英语的普及也促进了西方文化的传播和渗透。西方国家的媒体在全球范围内具有强大的影响力，像CNN、BBC等国际媒体机构向全球播报新闻。通过媒体传播，西方文化的价值观、生活方式以及娱乐内容得以传播。众所周知，好莱坞电影在全球范围内具有非常大的影响力，互联网和社交媒体的兴起加速了其在全球范围内的传播。网络平台如Facebook、Twitter等成为全球最受欢迎的社交媒体平台，通过这些社交媒体平台，西方文化的内容能够快速传播。发达国家的高等教育院校吸引了大量的国际学生。这些学生在接受高等教育的过程中学习西方文化和语言，学成归国后会传播他们所学到的专业知识和西方文化。一些国家和地区在面对西方文化的渗透时，会积极地采纳一些西方文化元素。例如，在食物、服装、音乐等方面，或多或少都有吸收和采纳西方文化元素的现象。美国政府通过一系列的文化和语言交流项目，向其他国家推广美国文化。西方国家经常组织艺术和文化展览，展示他们的艺术作品和文化遗产。这些展览在全球范围内巡回展出，通过展示西方艺术和文化，向其他国家的观众传递西方文化和价值观。西方音乐在全球音乐市场上占有重要地位。其音乐流派如流行音乐、摇滚、爵士乐等通过唱片、音乐节、音乐会等形式输出到其他国家和地区，通过音乐传播西方文化的价值观和生活方式。西方文学作品经过翻译和出版，进入其他国家和地区的市场。尤其是西方著名作家的小说、散文和诗歌通过出版和销售，传播西方文化的思想和艺术。西方国家的游戏和娱乐产品在全球范围内非常受欢迎。例如，电子游戏、电子竞技、虚拟现实等都是西方文化输出的重要部分，通过游戏场景和故事线传播西方文化的价值观和娱乐方式。

　　高校对文化自信的教育重视不足也是值得关注的一个原因。高校是一个进行人才培养和科学研究的社会组织，同时也是一个文化共同体，肩负着传承和传播文化的功能。[29]一些高校外语专业在教学内容和教学方法上缺乏对中华优秀传统文化的深入挖掘和传承。教学内容过于西方化，外语专业学生更容易接受外国文化而忽视本国的文化传统。缺乏对本土文化的了解，不利于外语专业学生培养文化自信心态和对传统文化的传承与创新。高校对文化自信教育的投入和宣传力度相对较小，往往以培养学生的专业知识和技能为重点。虽然有些学校设立了相关的选修课程或文化自信教育基地，但普及率不高，且缺乏系统性和深入性。一些学校的文化自信教育宣传力度不够，学生对文化自信教育的意识也存在一定的欠缺。当前高校对教师的评价体系和选拔机制使得SCI论文数量和国际有影响力期刊上发表论文等更被看重，而对文化自信和传统文化的重视程度不够。因此，高校在考核、评价和选拔教师时也较为倾向于追求专业技能，对于教师对传统文化的研究和推广不够重视。虽然我国有着悠久的历史和深厚的文化底蕴，但一些学校对传统文化的研究和思考不足，很多传统文化元素正在逐渐消失。缺乏对传统文化的深入挖掘和创新，导致学生因对传统文化了解不足而兴趣减弱。一些学校在文化建设中缺乏创新思维，没有充分利用现代科技手段和多样化方式进行文化传播和推广。大学的课程结构通常偏向于专业课程的学习，对学生进行深度的专业培养。虽然这有助于培养专业技能，但忽视了对综合素养和文化自信的培养。缺乏基础的人文和社会科学课程会限制学生的综合素养。外语专业学生的课程通常由学校安排，供其自由选修课程的空间相对较小，导致学生对自己感兴趣的领域难以深入了解。当前的教育体系注重考试分数和专业知识掌握，这使得学生过于追求高分，而忽视了对文学、艺术、哲学等领域的探索，影响了其文化自信心的建立。涉外课程和国际化教育相对较少，限制了学生对不同文化的理解和接触。当代大学生处于互联网迅速发展的时代，导致他们更容易获取碎片化的信息，而不是深入系统地学习文化知识。而学科分化使学生只关注于自身专业领域，忽视了其他学科的重要性。这种学科分化也阻碍了大学生的全面发展。

三、文化自信培育策略

（一）挖掘并创新性发展文化的价值

要充分实现文化的价值挖掘与创新性发展，大学可以采取以下措施。

首先，加强对传统文化的研究和传承。学校可以设立专门的研究机构或学院，培养专业人才，推动传统文化的深入挖掘和研究。同时，学校可以通过组织各类讲座、研讨会等学术交流活动，为传统文化的传承和创新提供平台和机会。其次，鼓励学生参与文化创作和实践。学校可以设立创作工作室、文化创意中心等实践基地，提供各种创作工具和资源来激发学生的创造力。同时，学校还可以组织文化活动、比赛等，鼓励学生积极参与，展示自己的才艺和文化创新成果。此外，要加强校企合作，整合校内外资源。学校可以与企业、文化机构等合作，利用外部资源开展文化创新项目。这不仅可以让学生与社会接轨，了解市场需求，还可以促进文化创意产业的发展。再次，学校应注重结合现代科技手段来进行文化创新。借助互联网、数字技术和虚拟现实等工具，学校可以创造出更具时代感和互动性的文化产品。比如，以线上展览、网络直播等方式将传统文化与现代科技相结合，吸引更多年轻人参与。最后，学校应注重培养学生的文化自信和创新精神。通过开设相关课程，引导学生深入了解和理解中华文化的优秀传统，培养学生的文化自信心。同时，学校也应鼓励学生敢于创新和尝试，在学术研究、艺术创作等领域给予学生更多的自主和发展空间。

中华优秀传统文化是中华民族数千年来积累的瑰宝，充分挖掘其当代价值对于推动社会进步、培育优秀人才、促进文化交流具有重要意义。学校可以通过开设相关课程，促进学生对中华优秀传统文化的学习和理解。同时，培养学生对传统文化的自豪感和认同感，提高文化自信心。学校积极开展传统文化的传承与创新活动，例如举办传统文化节、演出传统音乐舞蹈等。同时，鼓励学生参与传统文化研究与创作，将传统文化融入当代艺术、设计、音乐等领域。学校可以组织学生参与社会服务和公益活动，例如在不同地区开展文化交流、传统文化普及等活动，传播和弘扬传统文化。学校积极开展跨学科的研究与应用，探索中华优秀传统文化在现代社会中的应用价值。例如，将传统文化与科技、商业、管理等领域相结合，推动传统文化的创新与发展。通过教育引导、传承与创新、文化交流和传播、社会服务和公益活动以及跨学科研究与应用，我国高校可以充分挖掘中华优秀传统文化的当代价值，让传统文化成为推动社会进步和促进文化间交流的重要力量。

传承革命文化。革命文化是中国共产党领导中国人民在伟大斗争中构建的文化，它以马克思主义为指导，以革命为精神内核和价值取向，继承中华优秀传统文化，借鉴世界优秀文明成果，是具有鲜明中国特色的先进文化。它是革命实践的伟大创造，是中国革命事业的精神遗产和文化传承，是中国共产党人和广大人民群众优良传统和品格风范的集中体现，是推进中华民族伟大复兴的强大精神动力。它起源于新文化、五四运动和中国共产党成立，形成于新民主主义革命时期，丰富发展于社会主义革命与建设以及改革开放时期。充分挖掘革命文化的当代价值，对于激发民族自豪感、弘扬爱国主义精神、塑造社会价值观具有积极作用。革命文化代表着一个国家和民族的光荣历史，记录着一代又一代人为了国家和人民利益而付出的艰辛努力和牺牲。充分挖掘革命文化的当代价值，可以激发人们的民族自豪感，增强民族凝聚力，形成团结奋进的共识。革命文化中蕴含着爱国主义精神，它告诉人们什么是真正的爱国。学习和传承革命文化，可以弘扬爱国主义精神，引导人们树立正确的价值观，培养民族精神，推动国家的繁荣发展。革命文化所倡导的国家、人民、社会利益至上的精神和价值观念，对于当代社会仍然具有重要意义。充分挖掘革命文化的当代价值，有助于引导人们树立正确的社会价值观，倡导社会公平正义、尊重他人、追求真善美，促进社会和谐稳定。充分挖掘革命文化的当代价值，并将历史记忆传承给后代，让他们了解和认识到革命的艰辛历程和取得的伟大成就，这对培养青年一代的家国情怀、道德观念和责任意识具有重要影响。充分挖掘革命文化的当代价值，对于促进社会进步、弘扬民族精神和培育优秀人才具有重要意义。我们应该积极探寻并传承革命文化的精华，使之与时俱进地融入当代社会，为实现民族复兴和社会进步不断注入新的力量。

发展社会主义先进文化。社会主义先进文化是以马克思主义为指导，以培育有理想、有道德、有文化、有纪律的社会主义公民为目标，面向现代化、面向世界、面向未来的，民族的科学的大众的文化。它植根于中华优秀传统文化，形成和发展于我们党团结带领全国各族人民进行革命、建设和改革的伟大实践，代表时代进步潮流和历史发展要求，在多样化的文化观念和社会思潮中居于主导地位。发展社会主义先进文化可以引导人们树立正确的价值观，增强社会凝聚力和集体责任感，构建和谐稳定的社会环境。社会主义先进文化是中国特色社会主义文化的重要组成部分，是对中华优秀传统文化和革命文化的继承与发展，是我国经济社会发展的强大精神支撑。社会主义先进文化强调社会正气、公平正义和社会责任。发展社会主义先进文化可以引导人们践行社会主义核心价值观，维护社会公平正义，促进社会和谐稳定，凝聚人们的共识和力量。社会主义先进文化以人为本，注重人的全面发展和精神文明建设。发展社会主义先进文化可以提升社会整体品质，丰富人们的精神需求，推动文化艺术事业繁荣发展。发展社会主义先进文化是推动社会发展和培育优秀人才的重要举措。新时代下，我们要坚持马克思主义文化观，弘扬中华优秀传统文化，传承革命文化，发展社会主义先进文化，践行社会主义核心价值观，为实现中国梦和中华民族伟大复兴作出努力。

众所周知，重庆具有丰富的革命文化遗产和革命历史。充分挖掘重庆的革命文化，有助于保留历史记忆，传承革命精神，激励人们继承和发扬革命先辈的勇敢和无私。重庆高校可以开设专门的革命文化课程，涵盖重庆革命文化的历史、思想、精神，并结合实际案例进行研讨和讨论。通过学习和研究，学生可更好地理解和认识重庆革命文化的当代价值。重庆高校可以邀请相关专家学者、革命老前辈等开展革命文化讲座和座谈会，传递革命文化的精髓和价值观，激发学生对革命历史的兴趣与热爱，增强对国家和社会发展的责任感和使命感。重庆高校可以组织学生参与重庆革命文化的实践活动，如参观革命遗址、革命纪念馆等，参与革命节日的庆祝纪念活动。通过亲身经历，学生可更加贴近革命文化，感受革命精神的洗礼。重庆高校可以设立奖学金、助学金、创新项目等，鼓励学生参与重庆革命文化的研究和创作。重庆高校可以建立革命文化资源库，收集与重庆革命文化相关的资料、实物、影像等，为教师和学生提供丰富的研究材料和参考资料，促进革命文化的深入研究和传承工作。重庆高校可以与相关单位合作，举办革命文化交流项目；与革命纪念馆、地方政府、文化机构等合作，共同举办展览、座谈会、研讨会等，促进对重庆革命文化的认识和交流。重庆高校可以在课程、实践、研究和创作等方面充分挖掘重庆革命文化的当代价值，加强学生对革命文化的了解和认同，培养学生的爱国情怀和社会责任感，推动重庆革命文化的传承与发展。

高校可以开设中华传统文化相关的专业和课程，如中国古代文学、中国古代艺术、中华传统音乐等，培养学生对传统文化的理解和研究能力。高校可以建立传统文化创新实验室，为学生提供创新实践的场所和机会，让学生通过实际操作与创新实践探索传统文化在现代社会的应用和发展。高校可以定期举办传统文化活动和展览，如中国传统音乐演奏、传统绘画展览、传统手工艺制作等，吸引学生和社会大众参与其中，增加人们对传统文化的了解和兴趣。高校可以邀请专家学者进行传统文化的学术研讨和开展相关主题的讲座，提供学术交流和深入研究的平台，激发学生对传统文化的研究兴趣。高校可以利用现代科技手段，如虚拟现实、互联网等，创新传统文化的展示和传播方式，打造数字化的传统文化资源库，让更多人可以随时随地了解和参与传统文化的学习和传承。高校可以加强对传统文化师资队伍的培养和引进，招聘具有传统文化研究和传承能力的专业人才，提高传统文化教育和研究的质量和水平。总之，高校可以通过开设相关专业和课程、举办传统文化活动、组织学术研讨等多种方式创新性发展中华优秀传统文化，培养学生对传统文化的认同和热爱，为传统文化的传承与发展作出贡献。

高校可以建立革命文化研究中心，聚集相关学科的优秀师资力量，开展研究和探索，为革命文化的传承与发展提供学术支持。高校可以通过红色文艺展演、革命题材电影制作、红色故事的舞台剧演出等形式，创新革命文化的表达方式，吸引学生和社会大众参与和了解。高校可以定期举办革命主题活动，如纪念五四运动、庆祝建党节等，通过举办座谈会、讲座、研讨会等形式，加深学生对革命文化的认识和体验。高校可以充分利用现代科技手段，打造数字化的革命文化传播平台，让更多的人了解和重视革命文化。总之，高校可以通过开展革命文化教育、建设研究中心、创新文化创作形式、举办主题活动等方式创新性发展革命文化，培养学生对革命文化的认同和热爱，为革命文化的传承和发展作出贡献。

高校应该加强学生的思想政治教育，培养学生的社会主义核心价值观，引导他们树立正确的世界观、人生观和价值观。高校可以通过调整课程设置，增加社会主义制度核心价值观相关的课程，如社会主义制度理论、中国特色社会主义制度等课程，培养学生对社会主义文化的理解和认同。高校可以通过开展民族文化活动，如传统文化展览、民族音乐演出等，弘扬中华优秀传统文化，增强学生对中华优秀传统文化的认同感。高校应鼓励学生积极参与科研创新活动，提供良好的创新平台和资源支持，培养学生的创新思维和创造能力。高校应积极开展国际交流与合作，引进国外先进的文化理念和技术，为学生提供全球化的教育和视野，丰富学生对不同文化的了解。高校可以组织学生参与社会实践活动，如志愿者服务、社会调研等，让学生深入了解社会现实问题，加强对社会主义先进文化的认同和实践。总之，高校可以创新性发展社会主义先进文化，培养和造就一批有社会责任感、创新能力以及对社会主义事业有认同感的优秀人才。

同时，政府应支持开展丰富多样的红色教育活动，如红色教育讲座、红色文化展览、红色影视展映等，通过生动形象的方式讲述红色历史，增强师生对红色文化的认知和理解。学校组织学术研究机构和专家学者团队对重庆红色文化进行深入研究，总结和挖掘红色文化的内涵与价值，激发学术界对红色文化的传承与创新。在重庆打造一批红色文化景点，如红岩村、红岩革命纪念馆等，通过景区建设和文物保护，将红色文化赋予更多的物质形态，吸引游客、学生等参观学习。鼓励重庆文艺创作和表演团队致力于创作与演绎与本土红色文化相关的作品，如舞剧、音乐、戏剧等，通过艺术表达形式传播红色文化。利用政府、企事业单位、学校等各方资源，打造红色文化产业，推动红色文化与现代社会融合发展，形成文化创意产品和红色旅游的相关产业链。引导和培养学生的社会主义核心价值观，将红色文化融入社会主义核心价值观的教育，推动红色文化的传承与发展。总之，需要政府、学校、社会各界的共同努力和资源整合，使红色文化能够在新的时代背景下焕发出新的活力和影响力。

（二）大力进行中华文化宣传

增强中华文化宣传的力度和效果对于弘扬民族精神、培养文化自信心、促进文化融合、推动学术研究、传承与发展中华文化等具有重要意义。中华文化是中华民族的精神财富，加强对其宣传能够唤起学生对传统价值观念、道德观念和民族精神的认同，培养学生尊重传统、热爱国家的情感，激发爱国热情和社会责任感。多元社会思潮会对大学生的思想观念和价值观念产生一定的影响。大力宣传中华文化，不仅可以增加学生对中国传统文化的了解和接受度，还可以帮助学生树立文化自信心，增强对中国文化的认同和自豪感。高校是各地区、各民族学生汇聚的教育场所，加强中华文化宣传能够促进不同背景的学生之间的交流和融合。中华文化的精神品格与价值追求，支撑中华民族几千年来生生不息和薪火相传，今天仍然是而且未来必将也是我们发展壮大的强大精神力量。中华文化的精神特质就是我们今天要大力弘扬的"中国精神"，弘扬中国精神，是凝聚中国力量、走稳中国道路的关键。放到世界文明史中来看，中华民族创造的源远流长的中华文化具有独特的文化传统，独特的价值体系，独特的民族色彩，独特的历史进程。其长期演化的过程造就了我们的文化认同，赋予了我们生命力和创造力，也决定了我们独特的发展路径。同时，中华文明的文化内涵又包含了超越时空、跨越国度的价值，对人类文明进步和人类共同价值作出了重大贡献。当代大学生的肩上承担着中华民族发展的责任，因此必须保全它的生命营养，发扬它的精神信念。弘扬中华文化是持守文化发展的民族性、延续民族精神血脉的根本途径，只有牢牢站稳中华民族永续发展的立场，才能从根本上认识中华文化的价值和意义。增强宣传的力度和效果，能更好地传承和弘扬中华文化，使之在现代社会得以继续发扬光大。

在重庆高校里增强中华文化的宣传力度与效果，可以采取以下几个方法。一是制订全面的宣传计划。制订一个长期的、全面的中华文化宣传计划，明确宣传目标、内容和策略。该计划可以包括各种形式的宣传活动，如讲座、文化展览、艺术表演、传统手工艺制作等，并确保定期进行。二是加强师资队伍建设。培养有中华文化素养和专业知识的教师，通过各种培训和学习，提高师资队伍对中华文化的理解和传授能力，使他们能够更好地宣传和分享中华优秀传统文化。三是打造多样化的学习平台。建立中华文化学习的多样化平台，如开设相关课程、设立研究中心或社团组织，并提供丰富的资源和学习材料。学生可以通过这些平台参与到中华文化的学习和实践中，增强对传统文化的了解和体验。四是加强校园文化建设。将中华文化融入校园文化建设，举办各类文化体验活动，比如传统节日庆祝、文艺表演、传统手工艺制作等，营造浓厚的中华文化氛围。同时，鼓励学生参与和发展各类中华文化社团，增强学生对中华文化的热爱和参与度。五是利用现代媒体和社交平台。充分利用现代媒体和社交平台，如微博、微信、短视频平台等，进行中华文化宣传，发布相关文章、图片、视频等，使更多的人对中华优秀传统文化有所了解和认识。六是加强国内外交流与合作。与其他高校、文化机构、社会团体等建立合作关系，开展中华文化的国内外交流活动，组织学生参观考察、参加文化交流项目，拓宽学生的视野，增强对中华文化的认知和中华文化的传播力。以上措施可以增强高校中华文化宣传的力度和效果，将中华文化融入学生生活和思想意识，促进中华文化的传承与发展。

在重庆高校里增强革命文化的宣传力度与效果，可以采取以下一些措施。一是设立宣传阵地。在校园内设置宣传栏、展板、广告牌等宣传阵地，定期更换内容，展示革命文化的历史光辉和现代意义。二是增加宣传途径。利用校园广播、电子屏、校园网站、社交媒体等多种媒体渠道进行宣传，利用文字、图片、视频等多种形式展示革命文化中的革命事迹和先进典型。三是组织主题活动。举办主题演讲、讲座、座谈会、展览、影视放映、朗诵会等活动，组织学生近距离接触和了解革命文化，增加参与感和深度体验。四是合作开展项目。与相关历史研究机构、红色旅游景区、纪念馆等建立合作关系，开展走进实地、参观考察等活动，让学生更好地感受到革命文化的独特魅力。五是引导学生参与。鼓励学生以主动者的姿态参与宣传活动，组织学生志愿者团队，在校园内进行革命文化的宣传、观念传递和交流，将宣传工作与学生生活有机地结合起来。六是加强教育引导。将革命文化的宣传融入课堂教育中，提高学生对革命文化的认识和理解，使其从中汲取精神力量，从而更好地传承和弘扬革命文化。七是建立评优机制。设立革命文化宣传先进团队和个人评选表彰制度，鼓励和奖励在革命文化宣传方面取得突出成绩的个人和集体，激发宣传工作的积极性和创造力。以上措施的综合使用，可以提高高校革命文化的宣传力度与效果，营造浓厚的革命文化氛围，引导广大青年学生立足实践，勇担时代使命，为实现中国梦不懈奋斗。

在重庆高校里增强社会主义先进文化的宣传力度与效果，可以采取以下一些措施。一是建立宣传平台。在高校内建立校园网站、党团组织网站、校园电视台等宣传平台，及时发布和推广社会主义先进文化的相关内容，让学生随时随地获取信息。二是开展主题宣传活动。组织丰富多样的主题宣传活动，如主题演讲、辩论赛、文化艺术展览等，通过生动有趣的形式将社会主义先进文化融入学生的日常生活中。三是举办知识竞赛。举办社会主义先进文化知识竞赛，引导学生积极学习和了解社会主义理论知识，提高他们对社会主义的认识和理解。四是利用新媒体。充分利用现代通信技术，通过校园微信公众号、微博、短视频等网络媒体平台进行宣传，制作精美的宣传海报、短视频，并进行推广，让更多的学生接触和了解社会主义先进文化。五是引导学生参与。鼓励学生参与社会主义先进文化的宣传工作，组织志愿者团队，开展宣传助力活动，如社区服务、农村支教等，让学生亲身体验社会主义先进文化的实践价值。六是强化思想教育。开设专门的思政课程，加强社会主义核心价值观、中国梦等相关教育内容的传授，引导学生树立正确的世界观、人生观和价值观。七是加强师资队伍建设。组织教师参与相关文化培训和研讨会，提升教师的教学能力和宣传意识，充实学校的宣传力量，提高宣传效果。以上措施的综合使用，可以增强高校社会主义先进文化的宣传力度与效果，引导广大学生坚定理想信念，为建设社会主义现代化国家贡献力量。

在重庆高校中增强革命文化的宣传力度与效果，可以采取以下一些措施：一是挖掘本土资源。调查研究重庆革命文化的历史背景、代表人物、重要事件等，了解其独特性和珍贵性，并对其进行归纳整理，形成宣传材料。二是开展主题讲座和展览。邀请相关专家学者和重庆革命文化研究者，举办主题讲座，深入解析革命文化的历史意义和现代价值；同时，举办相关主题展览，通过图片、文物、实物等形式展示革命文化的丰富内涵。三是创办刊物和出版物。创办校内刊物，专门介绍和宣传重庆革命文化的故事和传统，可采用图文并茂的形式，吸引学生阅读关注。此外，还可以出版相关的图书等,供学生阅读。四是利用数字媒体。充分利用校园网站、社交媒体等数字媒体平台,发布重庆革命文化的相关内容,定期推送相关主题文章、视频等,吸引学生关注和参与讨论。五是举办实地考察活动。组织学生前往重庆革命文化遗址、博物馆、纪念馆等进行实地考察,让学生亲身感受革命文化的底蕴和魅力。六是引导学生参与。鼓励学生积极参与重庆革命文化的宣传活动,组织学生志愿者团队,开展校内外的宣传工作,如举办革命文化主题的文艺演出、革命历史知识竞赛等。七是加强与地方政府和相关机构合作。与重庆市文化和旅游局、红色景区等合作,开展革命历史考察、交流活动,在宣传中形成合力,提高宣传的力度和效果。通过以上措施的综合使用,可以增强高校重庆革命文化的宣传力度与效果,让更多的学生了解和认同重庆革命文化的价值和意义,加深对重庆革命历史的认识,为传承和弘扬革命文化作出贡献。

（三）改进相关课程与文化活动

改进相关课程与文化活动,可以引入更多的外部资源和多元化的文化元素,帮助学生扩大知识面和世界观,提高他们的综合素质。改进相关课程与开展文化活动可以培养学生的创新思维和解决问题的能力。这些活动可以鼓励学生思考,激发他们的创造力,培养他们运用所学知识解决实际问题的能力。通过改进相关课程与开展文化活动,学生可以接触到更丰富的艺术、体育、科技等领域,提高他们的综合素质和学科能力。这有助于培养学生的专业能力,同时也提升他们的综合素质。相关课程和文化活动的改进可以增强学生对社会责任的认识和意识。通过参与社区服务、志愿活动等,学生可以学习到社会责任感和公民意识,培养他们为社会作出贡献的能力和意愿。改进相关课程与文化活动,不仅有助于学术能力的提升,还可以促进学生身心健康、人际交往等方面的全面发展。这对学生的个人成长和未来职业发展都具有积极的影响。

要改进中华文化相关课程,在高校中可以采取以下措施:一是增加课程内容的多样性。将中华文化相关课程分为不同的子课程,包括中国历史、中国哲学、中国文学、中国艺术等，以满足学生的不同需求和兴趣。二是引入互动教学方法。通过小组讨论、案例分析、角色扮演等互动方式，激发学生的积极性和创造力，提高他们对中华文化的理解和应用能力。三是开设实践型课程。组织实地考察、参观博物馆、文化遗址等实践活动，让学生亲身体验中华文化的独特魅力，加深对其理解和认同。四是邀请专家学者。邀请中华文化领域的专家学者来高校举办讲座或研讨会，与学生进行面对面交流探讨，激发学生的学习兴趣和求知欲。五是与社会资源合作。与博物馆、图书馆、文化机构等社会资源合作，共同策划和组织中华文化相关展览、讲座、演出等活动，丰富课程内容，提供实践机会。六是开设选修课程。为学生提供中华文化选修课程，允许学生根据个人兴趣和需求自由选择，提高学生参与度和学习效果。七是加强教师培训。为教师提供中华文化相关知识和教学方法的培训，提升他们的专业能力和教学水平，提高中华文化课程的教学质量。八是建立在线资源平台。建立中华文化相关的在线资源平台，包括教材、课件、学术论文等，方便学生和教师的学习和研究，促进中华文化课程的传播和交流。以上措施可以提高中华文化相关课程的教学质量和吸引力，增加学生对中华文化的兴趣和认同，促进中华文化的传承和发展。

可以通过以下方式在重庆高校里开展形式多样的文化活动：一是文化节。组织一年一度的文化节活动，邀请各个民族的学生和外国学生参与，展示不同文化的音乐、舞蹈、戏剧、美食等，增进学生对各文化之间的了解和交流。二是主题演讲。邀请知名学者、艺术家、文化界人士等进行主题演讲，探讨与中华文化相关的话题，激发学生对文化的思考和兴趣。三是举办表演赛事。举办各类文化表演赛事，包括音乐、舞蹈、戏剧、诗歌朗诵等比赛，鼓励学生积极参与，展示自己的才华和创意。四是电影放映。组织中外电影展映活动，选择具有文化价值和艺术性的电影作品，为学生提供了解不同文化的视角和观点。五是篆刻、书法、剪纸等手工艺制作。开设手工艺制作课程，教授学生中国传统手工艺的技巧和方法，让学生亲身体验中华文化的独特之处。六是文学分享会。邀请学生自愿参加文学分享会，鼓励学生分享自己的文学作品或对文学作品的理解和感悟，促进学生在文学领域的交流和成长。七是国际文化交流。邀请外国留学生组织国际文化交流活动，让他们分享自己的文化和经验，与中国学生互相学习、交流，增进跨文化的理解和友谊。八是文化沙龙活动。定期组织文化沙龙活动，邀请学生讨论和分享一些与中华文化相关的话题，搭建一个学术、艺术交流的平台。九是才艺展示。开设才艺展示课程，鼓励学生展示自己的特长和才艺，包括音乐演奏、舞蹈表演、绘画展览等，丰富学校文化氛围。过丰富多样的文化活动，可以激发学生的兴趣和热爱，增强学生对中华文化的理解和认同，提高学生的综合素养和跨文化交流能力。

在深化新时代大学文化自信教育中，思想政治教育发挥着重要的作用。思想政治教育可以引导大学生正确理解和认知社会主义核心价值观，坚守正确的道德底线，树立正确的人生目标。思想政治教育可以传承和弘扬中华优秀传统文化，培养大学生对中华优秀传统文化的认同感和自豪感，提高对传统文化的理解和传承能力。思想政治教育可以引导大学生自觉维护社会主义核心价值观，增强对中国特色社会主义制度和文化的自信心，发展我国文化产业。思想政治教育可以引导大学生增强社会责任感和公民意识，激发他们的社会参与和服务意识，培养批判思维和担当精神。思想政治教育可以引导大学生了解和认同中国特色社会主义制度，增进对国家的认同感，激发爱国情感，为国家的发展和进步贡献力量。思想政治教育可以引导大学生养成科学严谨的思维方法，培养创新精神和实践能力，推动大学生在实践中不断积累经验，增强自信心。总之，思想政治教育可以增强大学生的文化自信，激发他们的创造潜力和创新意识，塑造具有坚定理想信念和全面发展的时代新人；同时，也能够培养大学生的社会责任感和国家认同感，推动中国特色社会主义事业持续向前发展。

思想政治教育可以有效促进学生对中华文化价值的认知和理解，让学生在思想上对中华文化有更深入的认知，从而更好地传承和弘扬中华优秀传统文化。以宣传教育的方式，使学生认识到文化的重要性和价值，激发学生对中华文化的兴趣和热爱。将文化知识作为重要的学习内容之一，引导学生深入了解我国文化的历史和传统,培养学生对文化的认知。组织各类文化活动,如传统文化展览、民俗文化体验活动等,让学生通过亲身参与感受文化的魅力,加深对文化的认知。引导学生进行中华文化讨论和交流,鼓励学生积极表达自己对中华文化价值的理解和认知,促进学生之间的相互学习和思想交流。宣传优秀传统文化成就和文化载体,培养学生对文化的自信心和自豪感,促使学生更加珍视优秀传统文化。学校加强中华文化自信教育的日常化管理,将文化教育融入学生的日常学习和生活中,使学生从各个方面都能感受到文化的存在和影响。

思想政治教育可以提升学生对中华文化的价值认同,使其更加自觉地接纳、认同和传承中华文化,从而为国家和社会的发展作出积极贡献。高校可以加强对中华文化和社会主义核心价值观的宣传和教育,使学生更加了解和认同中华文化的重要性,增强对文化自信的自豪感和认同感。高校可以深入传授学生中华优秀传统文化的知识,包括文学、艺术、哲学等方面的内容。通过学习中华优秀传统文化的精神内涵,学生能够更好地理解并认同文化的价值。高校可以组织学生参与各种文化实践活动,如参观博物馆、参与文化创作等,让学生亲身体验和参与到文化中去,加深对文化的认同和情感连接。高校应注重培养学生对多元文化的理解和包容,引导学生认识到文化的多样性和差异性,学会尊重和接纳其他文化,避免排他和偏见。高校应注重培养学生对当代文化问题的敏感性和思考能力,引导学生对中华文化发展中的价值观念、道德准则等进行深入思考和探讨。

思想政治教育可以通过加强中华优秀传统文化的传承与创新、培养正确的价值观与社会责任感、强化法治观念与行为规范、加强对多元文化的认知与尊重等方式,推动文化价值观的践行。可以加强对中华优秀传统文化的教育和宣传,并推动其与现代社会相结合,使中华优秀传统文化在现代社会生活中发挥更大的作用。同时,思想政治教育还应鼓励学生积极创新,将中华优秀传统文化与现代文化相融合,推动文化的创新与发展。思想政治教育应该致力引导大学生树立正确的价值观念,包括崇尚民主、法治、公平、公正、和谐等价值观念,让学生了解和认同这些价值观念,并在日常生活中践行，推动社会的文化价值观念向更加健康、积极、进步的方向发展。应该鼓励学生积极参与社会事务，培养其社会责任担当的意识与能力。参与社会公益活动、关注社会问题等能使学生体会到社会责任感的重要性，同时在践行文化价值观的思想政治教育中还应强调法治观念的培养，教育学生遵守法律、尊重规则，且将这些观念内化为自己的行为规范，以提升学生法律意识，推动未来社会公民以法律为准绳，引导他们遵守规范，践行文化价值观。高校应该帮助学生更好地了解和尊重不同文化的差异，培养其对多元文化的包容与理解。开展跨文化交流与互动，让学生能更好地认知和尊重不同文化，推动文化价值观的多样性与协调发展。

重庆高校应加强以挖掘革命文化为核心的文化自信教育工程建设，明确教育目标和内容，加强教师队伍建设，利用多种媒体手段进行宣传教育，引导大学生积极参与，建设相关的教育基地和纪念设施。这些措施可以有效地推动文化自信的建设，增强大学生对革命文化的自豪感和认同感。明确教育工程的目标是增强大学生对革命文化的认同感和自豪感。同时，高校应提供具体的教育内容和方法来实现这一目标，教育内容可以包括革命历史、英雄人物及其英勇事迹、革命文艺作品等，通过讲授、讨论、实地考察等。培养一支专业素质高、思想政治水平过硬的教师队伍。教师应该具备扎实的革命文化知识，熟悉相关的教育理论和方法，能够将革命文化知识转化为生动有趣的教学内容，激发学生的兴趣和学习热情。利用电视剧、电影、互联网等传播媒介，通过精心策划和制作相关内容，宣传和普及革命文化。可以制作专题纪录片，组织纪念活动等，增强大学生对革命文化的认知和理解。组织讲座、演讲比赛、实地考察等教育活动，让大学生亲身体验和感受革命文化的魅力，增强他们的文化自信。

加强以发展社会主义先进文化为核心的文化自信教育工程建设，需要建立统一的教育指导思想，加强师资队伍建设，利用先进技术手段进行宣传教育，开展多样化的教育活动，强化宣传与展示。这些措施可以有效地推动文化自信的建设，引导人们践行社会主义先进文化的核心价值观念。制定明确的教育指导思想，强调社会主义先进文化的核心价值观念，如社会主义核心价值观、科学精神、创新精神等。加强对这些价值观念的教育和宣传，引导大学生树立正确的社会价值观念。培养一支素质高、思想政治水平高、专业能力过硬的教师队伍。提供适时的培训和支持，帮助教师掌握相关的理论知识和专业技能，能够有效地传授和引导学生理解和践行社会主义先进文化。充分利用移动"互联网+"和移动 app，如学习强国、教育强国等，进行社会主义先进文化的宣传教育。开设网上课程，提供在线资源，提供互动交流平台，让大学生便捷地了解、学习和践行社会主义先进文化。举办各类主题教育，如讲座、座谈会、读书分享等，让大学生深入了解社会主义先进文化的内涵和实践。同时，鼓励学生积极参与社会实践，开展志愿服务、社区建设等活动，将先进文化价值观落实到实际生活中。举办文化艺术展览、刊发相关刊物、制作宣传片等，宣传社会主义先进文化的成果和典型案例，引导大学生从实际行动中感受到社会主义先进文化的前进方向和动力。

要提升文化自信教育工程的质量，可以举办展览、演出、讲座、研讨会等多种形式的活动，为大学生创造不同的文化体验，提供丰富多样的学习和交流机会。设置互动环节，鼓励大学生积极参与，与讲师、演员或其他大学生进行互动交流，提升学习效果和参与度。组织实地考察、实践活动，让大学生亲身体验文化的魅力和独特之处，增强对中华文化的理解。运用互联网、社交媒体等现代科技手段，扩大活动的传播范围和影响力，吸引更多人参与，提升活动质量。积极参与国际文化交流与对话，与其他国家和地区的文化组织、学者进行合作与交流，借鉴他们的经验和技术，丰富活动内容和形式。建立有效的评估机制，对活动的效果进行定期评估和反馈，及时调整活动内容和形式，不断提升活动质量和大学生满意度。以上措施可以丰富活动手段，提升文化自信教育工程的质量，增强大学生对中华文化的认同感和自信心。

（四）推出优秀文化产品

高校是文化传承和创新的重要阵地，通过推出优秀文化产品可以传承和弘扬中华优秀传统文化，保护和传承民族精神，同时让学生更好地了解和认同中华文化的根源。高校推出优秀文化产品可以更加丰富多样的校园文化活动和生活，提升校园文化的魅力和活力。学生们能够在学习之余参与和欣赏各种形式的文化产品，丰富自己的精神生活。高校推出优秀文化产品，可以培养学生的审美能力，提高他们对美的敏感度和鉴赏能力。同时，这也能够提升学生的文化素养，使他们更加全面地了解和把握社会文化的发展趋势。在推出优秀文化产品的过程中，学生需要进行自主策划、设计、制作和推广。这能够培养学生的创新能力和实践能力，提升综合素质和就业竞争力。高校推出优秀文化产品，不仅可以为社会提供有价值和有影响力的文化产品，还可提升学校的社会影响力和知名度。这有助于吸引更多优秀人才和资源，进一步推动高校的发展。

要提升高校优秀文化产品的数量和质量，可以采取以下措施：一是关注学生需求。通过调查和了解学生的兴趣和需求，有针对性地制订切实可行的优秀文化产品的创作和制作计划。学生对文化产品的兴趣和参与度是提升数量和质量的重要驱动力。二是提供充足的资源支持。高校可以为学生提供充足的资源支持，包括资金、场地、器材等，让学生更好地开展文化创作和制作，提高文化产品的艺术水准和实际效果。三是加强创作和审美教育。增设相关课程、开展讲座和工作坊等，加强学生的创作能力和审美教育，学生可以学习到相关的文化创作技能和知识，提高自己的艺术水平和创作能力。四是建立多元化的合作与交流平台。与其他高校、社团组织、文化机构等合作，开展联合创作、交流展览等活动，促进资源共享和交流互动。拓宽文化产品的来源和创作思路，提高质量并丰富产品的种类。五是加强评估和反馈机制。建立并完善对高校文化产品的评估和反馈机制，通过公正和客观的评价，激励和鼓励学生提供更高质量的作品。同时，充分听取学生和观众的意见和建议，及时调整和改进文化产品，提高满意度和参与度。以上措施的实施，可以提升高校里的优秀文化产品的数量和质量，同时为整个社会带来更多的优秀文化产品。

要发挥好优秀文化产品在文化自信培育中的作用，可以从以下几个方面入手：在传承和弘扬优秀传统文化方面，优秀文化产品能展示传统文化的魅力和价值，激发大学生对传统文化的自豪感和自信心。可以选择传统文化元素为主题创作，以音乐、艺术、戏剧等形式展示，让大学生更加深入地了解和欣赏传统文化。在推广创新性的现代文化方面，优秀文化产品能展示现代文化的创新和活力，也可以把现代科技、时尚、流行文化等元素融入创作，使文化产品更具有时代性和吸引力。同时，让年轻一代更多地参与和认同这些优秀文化产品，增强对中华文化的自信感。在引领文化创新和创造力方面，优秀文化产品应该注重创新和创造力，能够引领文化潮流。通过独特的创作理念、技术手段和形式表达，优秀文化产品可以开拓新的文化领域，提高整个社会的文化创造力和创新能力，使文化自信真正融入社会发展的各个方面。在营造积极向上的社会氛围方面，优秀文化产品可以传递正能量和积极向上的价值观。优秀文化产品能够传达勇敢、坚持、乐观、正义等正向的情感与价值观念，培养大学生的积极心态，激发他们为实现个人和社会目标而努力奋斗。在加强文化教育和意识形态引导方面，优秀文化产品可以加强文化教育和意识形态引导，传递正确的文化观念和价值理念。借助优秀文化产品的力量对大学生进行文化知识教育，提高大学生的文化素养和增强其文化自信，培养其坚定文化认同和文化自豪感。充分发挥好优秀文化产品在文化自信培育中的作用，既可以促进社会的文化繁荣和进步，也让大学生更加自信地面对日益多元化和全球化的文化环境。

（五）理性应对外来文化的冲击

经济全球化使不同文化之间的接触和交流更加频繁和广泛，外语专业学生接触到了更多来自不同国家和地区的文化观念，常面临文化认同的挑战。同时，经济全球化背景下外来文化的冲击也可能影响到外语专业学生的社会价值观念。不同的文化具有不同的价值观念和道德准则，或多或少会与学生原有的价值观存在一定差异，需要及时地适应和调整。而且不同语言及其表达形式在学习和使用中更加追求平等和多元化。这些多元化的选择给外语专业学生带来了更多的挑战和机遇，需要学生具备跨文化沟通和理解的能力。

经济全球化提供了更多跨文化交流的机会,外语专业学生有更多的机会与来自其他文化背景的人交流和合作。这可以拓宽学生的视野,提高跨文化交际能力,并培养更加开放包容、具有全球视野和世界眼光的高层次国际化人才。高校对外语专业学生的培养要求全面深入地学习外国的语言、文化和习俗,即学生对外来文化有更深入的了解和感受。外语专业学生在学习外语的过程中,会接触到国外的文学、音乐、电影等文化产品,这些外来文化产品会给他们的观念、价值观和生活方式带来一定的影响。高校对外语专业学生的培养强调实际应用能力和国际视野,自然而然,学生们会更加重视自主学习和实践能力,更加关注国际交流和合作,甚至习惯使用外语进行思考和表达。这会对学生的价值观、人际关系和生活方式产生潜移默化的影响。迅速普及的互联网为外语专业学生提供了跨国在线交流的机会。学生们通过网络与来自世界各地的母语使用者交流,了解他们的生活方式、社会观念和价值观。这种跨国在线交流可使外语专业学生更深入地了解和感受外来文化,同时也会对自身文化产生一定影响。此外,网络的普及使外语专业学生可以更方便地接触国外的娱乐和媒体内容。学生们通过网络观看国外电影、听国外音乐、阅读国外文学作品等,这些外来文化的影响会带给他们新的观念、价值观和生活方式。学生还可以通过网络参加国际学术会议、加入跨国的学术交流平台,与外国学者进行交流和合作。这种网络学习和学术交流的方式,使学生更容易和快捷地了解国外最新的研究成果和学术思想。网络购物极大地方便外语专业学生获取国外的服装、音乐、电子产品等。这在一定程度上会影响学生的消费观念和生活方式。

高校应鼓励大学生对外来文化保持开放的态度,不将自身文化标准强加于他人,而是尊重和包容不同文化的存在和发展。高校可建立跨文化交流的平台,组织文化活动、讲座、展览等,鼓励大学生积极参与,与不同文化背景的人进行交流和对话,拓宽视野和增加认知。高校应注重培养大学生的批判性思维,引导他们对外来文化进行理性的分析和判断,不盲目接受一切,保持独立思考。高校应帮助大学生理解自身文化的价值和身份认同的重要性,保持对自身文化的认同,并在与外来文化接触中寻找平衡和融合。在大学教育中融入多元文化教育课程，让学生学习和了解其他文化，培养跨文化交流和理解的能力。向大学生展示全球化的趋势和影响，培养他们的全球意识和视野，使他们能够更好地理解和应对外来文化冲击。高校应为大学生提供相关资源，如图书、刊物、学术讲座等，帮助他们更好地了解和应对外来文化冲击。引导大学生正确应对外来文化的冲击，不仅有助于大学生个人的全面发展，也有利于促进社会文化的融合与进步。学习外国语言是了解和接纳外来文化的重要途径。学习外国语言可以更好地理解外来文化的价值观、思维方式和社会观念。亲身体验外来文化是最直接和全面的了解外来文化的方式。到外国旅行、观光和体验当地的生活、风俗和文化活动，可以深入感受和了解外来文化的特点和优秀元素，深入研究和了解外来文化与中华文化之间的差异和相似之处。通过对比分析，可以更好地理解和接纳外来文化的优秀元素，并将其与中华文化融合。积极参与跨文化交流活动，与外来文化的代表进行交流和互动，可以更好地了解和吸收外来文化的优秀元素，并将其运用到自己的生活和工作中。应保持开放的心态，尊重和欣赏不同的文化，并努力理解其中的价值观和观念。总之，对于外来文化的优秀元素需要积极主动地学习和吸收，同时保持自身文化的独特性和传统价值。通过借鉴和融合，可以在丰富中华文化的同时吸收外来文化的优秀元素，实现文化之间的互补和发展。

外语专业学生在面对经济全球化带来的外来文化冲击时，可以采取以下措施应对：一是学习并了解其他文化。积极主动地学习其他国家的语言、历史、风俗等，对其他文化表示理解和尊重。二是参与跨文化交流活动。积极参加国际交流项目、语伴活动等，与不同文化背景的人交流，增加不同文化之间的联系和了解。三是拓宽思维和视野。积极阅读国外文学作品、观看国外影视剧、听国外音乐等，开拓思维，拓宽视野，深入了解不同文化的内涵。四是提升语言学习和翻译能力。加强语言学习和翻译能力的提升，以应对经济全球化下对外语专业人才的需求，即为跨文化交流提供专业支持。五是探索和掌握跨文化沟通技巧。学习跨文化沟通技巧，包括语言表达、礼仪规范、社交技巧等，以更好地应对外来文化的冲击，并在跨文化环境中顺利交流和合作。六是保持文化自信。在学习和了解其他文化的过程中，既要保持自身文化特色和认同，又要吸收和尊重其他文化。

外语专业学生在应对互联网络普及带来的外来文化冲击时，可以采取以下措施。一是增强网络素养。熟悉并掌握网络工具和资源，了解网络世界的特点和运作方式，提高对互联网络文化的理解和应对能力。二是选择正确的信息源。学会辨别网络信息的真实性和可靠性，选择权威、信赖度高的信息源，避免受到虚假信息的误导。三是加强文化筛选和评估能力。学会对网络中外来文化进行筛选和评估，明辨哪些外来文化有价值并能够为个人学习和成长带来积极影响。四是学习其他文化的在线资源。利用网络资源学习其他文化，如观看外国电影、阅读其他国家的新闻网站等，增强对外来文化的理解。五是积极参与在线跨文化交流。积极参与在线跨文化交流群体、社交媒体等活动，与不同文化背景的人交流，增加与不同文化之间的互动和了解。六是坚持自主学习和批判思维。保持对外来文化的开放和包容态度，积极主动地探索和学习新事物，同时保持批判性思维，不盲目接受一切外来文化。

（六）树立文化自信和责任担当意识

坚定文化自信，争做中华民族先进文化的忠实传承者。习近平总书记强调，"文化自信是更基本、更深沉、更持久的力量"。青年大学生要深入理解和学习中华优秀传统文化、革命文化、社会主义先进文化，坚守好"魂脉"与"根脉"，这是坚定文化自信的基础。习近平总书记在中国人民大学考察时指出："广大青年要做社会主义核心价值观的坚定信仰者、积极传播者、模范践行者。"只有不断提升文化素养，成为社会主义核心价值观的坚定信仰者，才有可能成为积极传播者和模范践行者。因此，大学生应该积极参与中华优秀传统文化的学习和传播，努力保护和传承中华文化的瑰宝。通过学习和传承中华优秀传统文化，大学生可以增强文化自信心，提升个人修养，同时也能够为中国特色社会主义文化建设作出贡献。大学生代表着年轻一代，而且是社会主义建设者和接班人。他们应该拓宽个人视野，增加对多元文化的理解。大学生积极参与跨文化交流活动，不仅能够促进不同文化之间的交流与融合，还能为增进文化多样性、推动文化包容作出贡献。《在纪念五四运动100周年大会上的讲话》中，习近平总书记指出，"青年是整个社会力量中最积极、最有生气的力量，国家的希望在青年，民族的未来在青年"。高校大学生是青年群体中的中坚力量，肩负着实现国家富强、民族复兴、人民幸福的时代重任。通过树立文化自信和责任担当意识，大学生可以提高自身综合素质。这对于国家赢得国际竞争中的文化优势、提升国家的国际形象以及加强国家间的文化交流合作具有重要意义。树立文化自信和责任担当意识能够培养大学生的社会责任感和公民意识。大学生作为社会的一员，应该积极关注社会问题，传递正能量，推动社会的进步与发展。同时，主动参与社会文化活动、争当志愿者等，充分发挥大学生的积极作用，为社会主义事业建设和文化发展作出贡献。树立文化自信和责任担当意识对大学生的个人发展大有裨益。在团队合作和人际交往中，具备丰富的文化素养和责任担当精神的大学生更容易赢得他人的认可和尊重。在个人职业生涯中，具备文化自信和责任担当意识的大学生能够更好地适应多元文化的工作环境，增强自身的竞争力且有利于个人职业的发展。外语专业学生首先需要对中华文化有深入了解，并积极传承和弘扬中华优秀传统文化。外语专业学生需要广泛学习和了解其他国家和地区的文化，尊重和包容不同文化之间的差异，避免以自我中心的态度看待其他文化。外语专业学生应积极参与各种形式的文化交流活动，如优秀本科生国际交流项目、国际研讨会等，与外国学生和专家学者互动，以增进对其他文化的理解和认知。外语专业学生应该不断提升自己的语言水平和翻译能力，成为文化交流的桥梁和纽带，为促进不同文化之间的沟通和理解作出贡献。在与外国人交往和交流时，积极主动地向他们介绍中华文化，让他们更好地了解我们的国家和文化。外语专业学生应关注本国和其他国家的文化遗产保护工作，并积极参与到相关的文化传承活动中，为传承和保护文化遗产贡献一份力量。学生可以借助现代技术和社交媒体，与其他国家的学生进行跨文化的交流和互动，促进不同文化之间的理解和中外友谊的建立。最重要的是，外语专业学生应该时刻牢记自己身上肩负的文化责任,将文化交流和传承作为自己的使命,并踏实行动起来,不断提升自己的专业素养和文化修养,为构建和谐的、多元的国际社会贡献自己的力量。

亚里士多德说:"成德之因与成恶之因,皆在于行为和习惯。"[30]大学生是年轻人,学习和生活都在象牙塔内,安全意识不够强。树立文化安全意识能够让大学生提高警惕,增强自我保护意识,避免危险事件的发生。在现代社会中,文化安全不仅包括身体上的安全,还包括心理健康的安全。大学生面临的学业压力、人际关系等问题容易给他们的身心健康带来负面影响。树立文化安全意识可以帮助他们更好地认识和应对这些问题,保障身心健康。大学生作为社会的一员,他们的言行举止会直接或间接影响到他人。树立文化安全意识可以帮助他们更好地尊重他人的文化差异,避免不当言行对他人造成伤害,并且让他们主动参与到促进社会和谐、文明进步的行动中去。在信息爆炸的时代,大学生接触到各种各样的文化信息和价值观念。树立文化安全意识可以帮助大学生辨别真伪、正邪,培养正确的价值观,避免盲目地追随错误的社会潮流,保持独立思考的能力。文化安全是社会和谐稳定的基础,大学生作为社会未来发展的中坚力量,他们的文化安全意识决定着社会整体的文化环境。树立文化安全意识可以促使大学生养成良好的文化行为习惯,推动社会发展和文明进步。外语专业学生应该努力学习和了解目标语言的文化背景和习俗。通过学习目标语言的历史文化、社会制度、价值观念和礼仪规范,可以更好地理解和尊重目标文化,并在与该文化人士的交往中避免文化冲突。外语专业学生应该尊重和接纳不同文化之间的差异。了解和尊重目标文化的价值观念、习俗和信仰,避免对其进行歧视或贬低。学会在跨文化交流中保持开放和包容的心态,理解和接纳不同文化的多样性。外语专业学生需要提高自己的跨文化沟通能力,包括有效地表达自己的意思、理解他人的意图、适应不同的社交规则和礼仪等。参加跨文化交流和实践活动,亲身体验跨文化沟通,可以帮助学生更好地应对不同文化背景下的交流挑战。外语专业学生应该学会妥善处理交流冲突。当遇到文化差异导致的交流冲突时,可以采用耐心沟通、尊重对方观点、寻求共识等做法来解决问题。

外语专业学生应该持续学习和反思自己在跨文化交流中的表现，并不断改进自己的跨文化沟通能力。通过反思和反馈，外语专业学生可以发现自己在跨文化交流中可能存在的不足之处，从而不断进步。通过以上的努力，外语专业学生可以更好地树立和发展自己的文化安全意识，为跨文化交流和国际合作作出积极贡献。

文化践行意识可以帮助大学生更好地了解和传承自己的民族文化。学习和传播民族文化，可以增强大学生对自己民族的认同感和自豪感，促进文化传承和发展。文化践行意识可以促使大学生更加关注和参与不同文化之间的交流。例如，参与各种文化活动，能促进不同文化之间的相互理解和融合，增进友谊与合作。文化践行意识可以帮助大学生提高自身的文化素养。如学习艺术、音乐、舞蹈等，学生可以提升审美能力和艺术修养。文化践行意识可以激发大学生的审美和创新能力。例如，体验和探索不同的文化形式和艺术表达方式，可以提升大学生的审美品位和创造力。文化践行意识可以在一定程度上推动社会文明的进步。大学生作为社会主义建设者和接班人，他们的文化行为和价值观念对社会发展具有重要影响。因此，外语专业学生应学习目标语言国家的历史、政治、地理和社会文化等方面的知识，了解目标语言国家的特点和文化差异。浏览当地的新闻、文化杂志和社交媒体，了解目标语言国家的最新动态和文化趋势。外语专业学生应积极参加学校或社区组织的国际文化交流活动，与不同文化背景的人交流和互动，拓宽自己的国际视野和人际关系。外语专业学生应了解目标语言国家的习俗和礼仪，在与目标语言国家人士交往时，尊重对方的文化习俗和礼仪。外语专业学生可参与本地或国际志愿者活动，为目标语言国家的文化事业或社区服务提供帮助，以实际行动展现对目标语言国家文化的尊重和热爱。外语专业学生可积极参加外语角、语言交换、语言沙龙等活动，与母语为目标语的人士进行交流，提升目标语的实际应用能力和文化理解能力。通过以上方法，外语专业学生可以更好地树立文化践行意识，并在日常生活中积极展现对目标语言国家文化的尊重和理解。

（七）发展师资队伍

加强外语专业师资队伍建设是提高外语教育质量和培养高素质外语人才的关键举措，且对促进文化传承、推进国际交流与合作、提升教学质量和引领学科发展都具有重要意义。外语教育不仅仅是学习外语语言，也是传承弘扬中华优秀传统文化的重要途径。教学水平过硬、专业素养高的师资队伍能帮助学生深入了解和理解外语国家的文化，促进跨文化交流和理解。同时，也有助于拓宽学生的国际视野，增强他们的国际竞争力，培养具备国际交流能力的人才。教师的专业素养和教学经验直接影响学生的学习效果，加强师资队伍建设，可以提高教师的教学能力和学生的学习成果。需要指出的是，优秀的师资队伍可以推动学科的研究和创新，产生更多具有影响力的学术成果。同时，师资队伍的建设也有助于培养更多的外语专业人才，为学科的可持续发展提供人才保障。

加强外语专业的师资队伍建设以满足高校文化自信培育的要求，可以采取以下措施：一是建立师资培养体系。制订全面而系统的师资培养计划，包括教学能力培养、语言能力培养、文化意识培养等方面。同时为教师提供多样化的培训形式，如研修班、研讨会、讲座等，以提高教师的教学水平和专业素养。二是强化教学技能培养。重视培养外语教师的教学技能，包括教学方法、教学设计、教材开发等。引入新教育技术、多媒体教学手段等，提升教师的教学效果和创新能力。三是完善教师职业发展路径。提供良好的职业发展机会和晋升通道，鼓励教师积极参与科研、教改和学术交流活动。设立教学研究项目和奖励机制，激励教师在课程建设、教学方法改进等方面做出贡献。四是引进优秀师资资源。积极引进国内外优秀的外语专业师资资源，包括海外留学归国人员、知名学者和资深教师。通过建立国际合作项目、讲座、短期培训等方式，在教学中引入先进的教学理念和经验。五是加强学科交流与合作。鼓励师资队伍内部教师间的交流与合作，倡导跨学科、跨领域的教学研究和合作项目。定期组织教学研讨会、讲座、教学观摩等活动，促进教师之间的交流与学习。六是注重教师的文化自信培养。加强教师的文化自信培养，拓展教师的国际视野和增强其文化意识。组织教师参与各类文化交流活动、国际会议和短期访学项目，培养教师的跨文化交际能力和理解力。以上措施不仅可以提升外语专业的师资队伍质量，满足高校文化自信培育的要求，还能保持持续的关注和投入，为教师提供更好的支持和发展机会，推动外语专业教育的不断发展与创新。

第三章 外语专业人才的国际传播能力培养

一、国际传播能力培育的意义

国际传播能力是指在全球范围内与来自不同文化、语言和背景的个体进行有效沟通和互动所需的能力和素养,包括语言能力、跨文化交际能力、信息获取和处理能力等,同时要具备敏锐的国际视野和良好的国际形象。[31]拥有国际传播能力的人具有以下特征:能够流利地运用多国语言进行交流沟通,包括口语、书面语和非语言交流;有广泛的文化知识和跨文化交际技巧,理解并尊重不同文化的习俗、价值观念和传统,从而避免文化冲突和误解;懂得在跨文化环境下灵活处理事情,能够有效地与跨文化团队合作,解决跨文化沟通障碍;有良好的沟通和表达能力,能够清晰地传达自己的观点和意图,同时也能够倾听和理解他人的观点;有创新思维和解决问题的能力,在面对跨文化交流中的挑战时,能够找到有效的解决方案。毫无疑问,拥有国际传播能力的人才在全球化背景下和跨文化交流频繁的环境中更具竞争力,能够更好地适应国际化的工作环境、促进国际合作和交流、拓展国际视野并实现个人职业发展。

国际传播能力建设是国家对外开放战略布局之需。具备国际传播能力的人才队伍可以帮助国家在国际舞台上积极参与全球合作、树立良好的国家形象，提升国家软实力，促进国际交流合作，推动国家对外开放和经济发展。在互联网迅速普及和新媒体大力发展的背景下，国家可以借助多种传播渠道和工具向世界传递其政策理念、文化传统、发展成就等信息，树立良好的国际形象，为国家在国际舞台上赢得尊重和信任。国际传播能力可以促进国际交流与合作。具备国际传播能力的人才可以有效沟通与协调国际间的合作事宜，推动国际合作项目的实施。他们可以帮助国家吸引更多外国投资、商机、人才和全球资源，有助于国家对外开放战略的实施和经济发展。国际传播能力建设还可以助力国家提升文化软实力，提升在国际社会的影响力和话语权。通过传播本国文化、语言、科技、教育等领域的特色与成果，国家可以赢得国际社会的认可与尊重，推动文化、教育、科技等领域的合作与交流。

国际传播能力的建设对于国际化人才的培养至关重要。在全球化背景下，国际传播能力已经成为一种必备的能力，无论是企业还是个人都需要具备这种能力来应对日益增长的国际化需求。因此，国际传播能力的建设不仅可以提升个人的竞争力，还可以推动国家的对外交往和交流合作。

国际传播能力建设是外语学科自身发展的内在需求。新时代新形势下，以习近平同志为核心的党中央提出"中华民族伟大复兴战略全局"和"世界百年未有之大变局"的重大论断，在党的二十大报告"推进文化自信自强，铸就社会主义文化新辉煌"部分明确提出"增强中华文明传播力影响力"的任务要求[32]；习近平总书记在给中国外文局的致信中也曾强调不断提升国际传播能力和水平，更好向世界介绍新时代的中国。加强国际传播能力建设，促进我国对外文化交流和多层次文明对话，外语教育责无旁贷、大有可为。[33]高校注重培养具备国际传播能力的学生，既可以推动外语学科的进步和发展，又能更好地满足社会对于国际化人才的需求。外语学科作为培养具有国际视野和跨文化交流能力的专业人才的重要学科，需要着重培养学生的国际传播能力，以适应日益国际化的社会需求。国际传播能力的建设可以进一步拓展外语学科的教学内容和课程设置，使其更贴近实际的国际传播需求。同时，引入国际传播理论和实践案例可以帮助学生更加深入地了解国际传播的要求和挑战，促进学科内涵不断丰富和完善。国际传播能力建设也可以促进外语学科与其他学科的融合和交叉，培养学生的综合能力，使其成为复合型人才。学生在学习外语的同时，也需要了解其他领域的知识，比如国际关系、经济学等，以更好地应对国际交流和合作中的复杂局面。

外语专业与国际传播之间有着密切的联系和互补关系。外语专业的学生掌握了不同语种的语言沟通能力，能够在国际环境下进行口头和书面的交流，这种语言沟通能力是国际传播的基础。外语专业的学生在学习外语的过程中会接触到以下几个对国际传播能力培养的重要方面：一是外国的文化和传统，对不同文化的理解和尊重。这种文化意识和跨文化交际技巧对于进行跨文化传播和国际交流至关重要。二是国际媒体、新闻报道和跨国传播的相关知识，了解国际传播的机制和规律。这能帮助学生可以更好地理解国际传播的运作方式和影响因素。三是国际关系、外交政策等相关知识，了解国际关系的发展和国际合作的重要性。这些知识对于理解国际传播的背景和意义都具有重要意义。外语专业的学生通过学习外语、了解外国文化和国际传播的相关知识，可以提升自己的国际传播能力，从而更好地适应全球化和跨文化交流的需要，拓展国际视野，拥有更强的竞争力。

一些高校的外语教学注重对学生进行语言技能的培养，忽略了文化在国际传播中的重要性。在外语教学中重视语法、词汇和听说读写译等语言技能的训练，而忽略了对文化背景、社会习俗和价值观的介绍和理解。[34] 当下，推进国际传播已经成为外语教育的时代命题，外语教育不仅仅是传授语言知识，更重要的是培养学生具备国际视野和跨文化交际能力，为推动世界各国之间的交流合作和文明交流作出贡献。随着全球化的深入，不同国家和文化之间的交流日益频繁，而外语作为沟通的桥梁和工具，扮演着越来越重要的角色。外语教育不仅仅是为了提升学生的语言能力，更重要的是培养国际视野和跨文化沟通能力。推进国际传播需要有一支具有国际视野和跨文化交际能力的人才队伍，而外语教育正是培养这样的人才的重要途径。通过外语学习，学生可以了解不同国家和文化的背景，拓宽视野，增强交流能力，从而更好地适应全球化的发展趋势。外语教育还可以促进不同文化之间的交流互动，促进民间交流，增进国际间友谊。在推进国际传播的过程中，外语教育可以帮助人们突破语言和文化障碍，促进各国之间的交流与合作，推动世界各国和平与发展。

西部陆海新通道建设是中国"一带一路"倡议的重要组成部分，旨在加强中国西部地区与欧洲和中亚等地区的经济合作和贸易往来。这一重大战略项目的实施需要具备国际传播能力的人才，以便有效推动项目的推进和顺利实施。中国的经济社会发展已经进入了新时代，而新时代的"新"主要体现在"中国与世界关系开创新局面"。[35]

具备国际传播能力的人才可以帮助项目团队与国际合作伙伴进行高效沟通和协商，确保项目进展顺利。他们通过多语言沟通和跨文化交际技能，大大降低沟通障碍，促进合作伙伴之间的理解和信任。具备国际传播能力的人才可以有效地对外进行宣传和推广项目，增强项目的知名度和影响力。他们会利用各种传播渠道和媒体平台，向国内外各界介绍并宣传西部陆海新通道项目，吸引更多国际合作伙伴和投资者关注与参与。具备国际传播能力的人才还可以帮助项目团队了解国际市场和国际投资环境，提供市场调研和分析，为项目的战略规划和决策提供建议和支持。

总之，西部陆海新通道建设需要具备国际传播能力的人才，他们不仅可以促进项目的顺利实施和推进，还可以提升项目的国际形象和影响力。因此，培养具备国际传播能力的人才对于推动西部陆海新通道建设具有重要意义。

在培养国际传播能力过程中，良好的语言能力至关重要。语言能力是国际传播能力的基础，只有具备了良好的语言能力，才能更好地适应跨文化交流的需求，并进行高效的国际传播。具备良好的语言能力是国际传播能力的重要组成部分。良好的语言能力可以帮助个人更好地理解和表达跨文化交流中的信息，进行有效的沟通和交流。在国际传播中，语言是沟通的桥梁，是信息传递的媒介。只有具备流利的语言表达能力，才能够准确地传达自己的观点和想法，理解他人的意图和信息。语言的表达方式与其文化背景也是紧密相连的，且在对跨文化交流中必不可少。在培养国际传播能力的过程中，需要不断提升外语专业学生的语言能力，包括听、说、读、写等方面。例如，外语专业学生积极参加语言相关的实践和交流活动，可提高其语言表达的流畅度和准确性，同时增强语言的交流能力，进而达到提升国际传播能力的目的。

在国际合作交流中，我们需要与不同文化背景的人进行有效沟通和交流。因此，了解和尊重不同文化之间的差异，以及具备跨文化交际的能力是至关重要的。跨文化交际能力涵盖了对不同文化背景的理解、尊重和适应能力。虽然很多高校有外籍教师从事专业教学，但也是侧重外语知识的传授，而非真正意义上的跨文化交流。这使得学生在语言应用和跨文化交际方面缺乏实践经验，难以将所学知识转化为实际应用能力。[36] 而具备跨文化交际能力的人可以更好地理解并适应不同文化带来的挑战，避免文化冲突和误解，建立更加深入的联系和信任。跨文化交际能力之所以对国际传播者非常重要，是因为仅仅拥有语言能力和传播技巧而缺乏跨文化交际能力可能会导致信息传达失败。

信息获取和处理能力是国际传播能力的核心要素。毋庸置疑，国际传播人才需要具备这些能力，才能有效地传达信息并与国际受众进行交流。在国际传播中，传播者需要不断获取来自各种渠道的信息，包括新闻、社交媒体、研究报告等，然后对这些信息进行分析、整理、评估和处理，以便有效地传达给目标受众。也就是说，传播者需要具备筛选信息的能力，即从海量信息中筛选出有价值、可信度高的信息；需要具备分析信息的能力，能够深入理解信息所包含的意义、背景和影响，并且能够对信息进行分析和评估；能够将获取到的信息进行整理和归纳，建立起清晰的信息框架和结构，直接有效地传播给目标受众；需要对信息进行加工处理，使其符合传播需求，如选择恰当的传播方式、语言表达等。

国际传播能力人才要具备敏锐的国际视野和良好的国际形象。敏锐的国际视野意味着传播者要具备对国际事务、国际社会、国际关系和全球化趋势的灵敏度和洞察力。传播者应时刻关注国际新闻、国际政治、经济、文化等领域的动态，能够捕捉到国际环境的变化和趋势，以更好地理解和应对国际传播中的挑战和机遇。良好的国际形象要求传播者在国际传播中需要展现积极正面的形象和态度，包括言行举止得体、表达清晰准确、态度友好亲和、能够有效沟通和合作等。一个良好的国际形象不仅可以增强传播者在国际社会中的影响力，提高其声誉，也能够得到国际受众对传播者的信任和认可。

高校外语专业对国际传播能力的培养可以帮助学生更好地适应国际化的就业环境，提高学生的跨文化沟通能力和语言表达能力。在经济全球化的背景下，跨国公司对员工的国际传播能力要求越来越高，外语专业的学生具有良好的国际传播能力可以更好地适应当前的就业环境。在学习外语的过程中，学生要抓住与国外同事、客户进行沟通交流的机会，提升个人的国际竞争力。同时，国际传播能力也是学生走出国门，赴海外留学、工作的必备能力，可以帮助他们更好地融入当地社会，获得更多机会和资源。因此，高校外语专业对国际传播能力的培养对学生的职业发展具有重要意义。

高校外语专业对国际传播能力的培养有助于拓宽学生的国际视野和增强跨文化理解能力。在学习外语的过程中，学生可以接触到不同的语言、文化、习俗和价值观念，在拓宽自己的国际视野同时，了解和感悟不同文化之间的差异。这种跨文化的体验可以增强学生的跨文化理解能力，帮助他们更好地与国外人士进行交流，有效处理跨文化交流中可能出现的误解和冲突。在国际交往中，知晓对方的文化背景、习俗和价值观念可以帮助学生更好地融入对方社会，建立良好的人际关系，促进个人事业发展。这对学生未来的国际交往和职业发展都具有重要意义。

高校外语专业对国际传播能力的培养可以帮助学生提高跨语言的沟通能力。一门外语的学习要求学生掌握一定的词汇量和基础的语法知识，培养自己的逻辑思维和表达能力，这对提高学生的口头和书面沟通能力有非常大的帮助。在国际交流中，良好的沟通能力是非常重要的，既可以减少交流误会，又能保证信息的准确传达。此外，在学习外语的过程中要求学生培养自己的问题解决能力。因为学习一门外语会遇到各种各样的语言难题和文化差异，需要学生努力寻找解决问题的方法和策略，培养独自解决问题的能力。这种能力在学生未来的职业生涯中同样具有重要意义，可以帮助他们更好地应对各种挑战和问题。因此，高校外语专业对国际传播能力的培养不仅可以提高学生的沟通能力，还可以锻炼他们的问题解决能力，为未来的职业发展打下坚实的基础。此外，参与中外人文交流的过程中，外语学科可以继续提升对外交往能力，在文化产业、中华优秀传统文化传承创新等方面推动国际交流合作走深走实，扎根中国、面向世界，在国际传播中打造具有中国特色、国际影响的人文交流品牌。[37]

二、国际传播能力培育现状

一些高校外语专业对培养学生国际传播能力的课程设置和教学方式存在以下问题。课程设置不够贴近实际需求。现有的课程设置大多注重语言基础和文化理解，对于国际传播能力的培养比较薄弱。教学方式单一。传统的课堂教学模式限制了学生实践能力和创造力的发展。缺乏国际化教学资源。高校外语专业对学生国际传播能力的培养需要不断引入国际化的教学资源，如国际学术期刊文章、外籍教师等，以便让学生更好地了解国际传播的最新发展动态。因此，部分高校外语专业在培养学生国际传播能力方面有待改进，需要重新调整课程设置和教学方式，引入更多国际化教学资源，加强学生的实践能力和创造力，从而更好地培养学生的国际传播能力。

一些高校外语专业对学生国际传播能力的培养存在跨文化交际能力培养不足的问题。在学习外语过程中，学生因书面考试成绩的压力可能会更加注重语言表达和语法知识掌握，而缺乏对跨文化交际能力的重视，导致他们在跨文化交际中理解力和适应能力不足。这在很大程度上是因为学生对不同文化背景、价值观和习俗缺乏深入了解，对跨文化交际中可能出现的误解和挑战无法及时应对。现有的课程设置和教学方式更注重语言技能的培养，而对学生的跨文化素质培养教育不够，导致学生在面对跨文化交际挑战时缺乏应对能力。学生的跨文化交际实践机会较少，尤其是缺少国际交流项目、外企实习经验等，难以在实践中提升跨文化交际能力。

一些高校外语专业对学生国际传播能力的培养存在评估体系不完善的问题，包括评估标准不清晰、评估内容单一、缺乏多元评估方式、缺乏反馈机制等。缺乏明确的评估标准和指标，无法准确衡量学生在国际传播能力方面的表现，评估结果缺乏客观性和可比性。评估主要集中在语言水平和书面考试成绩上，而对学生的跨文化交际能力、实践能力等方面缺乏相应的评估。即过于依赖考试评估，缺乏其他形式的评估，如口语表达、项目报告、实习评估等，无法全面了解学生的国际传播能力。评估结果反馈不及时、不具体，缺乏指导性建议，学生无法根据评估结果及时调整学习方法和提升自身能力。朱红宇认为，国际化人才不但承担着服务国家对外开放战略和"一带一路"倡议的重要职责，更承担着"讲好中国故事"这一时代赋予的历史使命，在国际交流与合作中需要具备较好的跨文化语言转换能力、跨文化语言思维运用能力、跨文化思辨与话语创新能力以及跨文化包容和文化自信力。但当前的外语专业人才培养存在着跨文化交流与传播的实践困境。[38]

三、国际传播能力培育策略

外语学科应充分利用政府、高校、企业等的优势，以外语教学为根基，积极探索建立国际传播人才培养联动机制。高校应持续推进大学生通识教育和公共外语教学改革，鼓励教师开设跨学科跨专业课程，比如通过"外语+其他学科"的交叉融合，打造"多语种+专业""通用语种+非通用语种""多语种+"跨学科课程体系。[39]外语教育中的国际传播能力的培养是一项复杂的系统工程，需要采取一系列有效的措施提高学生的国际传播能力。

（一）强调国际理解教育

在外语专业教学中，国际理解教育的重要性不容忽视，应该作为教学的重要内容并得到重视和强化。语言是文化的载体，语言与文化密不可分，只有了解目标语言国家的文化，才能更好地理解和运用语言。语言在一种文化中肩负着社会沟通和社会融合的责任,它是人类社会生活最重要的工具之一,借助语言和文字,人们得以互相理解,从而形成交流与合作的基础。跨文化交流借助的是语言,交流的却是思想文化。语言与文化相生相伴,缺一不可,一种文化中使用的语言能够反映其文化价值观或维度。在人类发展史广阔的时间和空间维度上,借助语言、文字存留下不同时期、各个区域的不同国家和民族存在和思想的印记,它们共同构成了人类文明的宝贵财富。因此,在由语言发挥沟通工具作用的同时,更重要的是负载在语言之中的思想和文化的交流。而作为掌握两种或多种语言的外语人才,自然而然地成为不同文化交流的桥梁和纽带。

外语人才的使命,从过去的单纯"翻译世界"转向与"翻译中国"并重,从让"中国了解世界"转向与"让世界理解中国"并重,主动面向世界"自塑"全面、立体、真实的中国。因此,仅是通晓外语,哪怕是多门外语,对建立中国与外部世界的切实联系仍是不够的。对中国历史、文化与现实的深刻理解,对域外历史、文化与现状的深入研究,才能形成对世界的整体性、系统性认识与把握。为此需要培养外语人才的跨文化能力,也即准确理解中华思想文化及其世界意义的能力、熟练运用外语开展中华思想文化国际传播的能力,这也是支撑我国国际传播战略实施,深化我国国际传播能力建设的重要保障。

在外语专业教学中强调国际理解教育可以采用以下方式:一是教学内容设置。将文化内容融入语言教学中,例如在教学中介绍目标语言国家的传统节日、习俗、文学作品等,让学生了解不同文化背景下的语言使用和交流方式。二是引进外教。邀请外籍教师授课,让学生直接接触目标语言国家的人文环境,增强他们的文化体验和感受。三是跨文化交际训练。组织学生参与跨文化交际活动,如模拟国际会议、演讲比赛等,让学生在实践中学习如何有效地跨文化交流。四是学生作业设计。设计文化研究项目、跨文化对比论文等作业,让学生通过研究和比较不同文化背景下的语言和传播方式,提升他们的国际理解教育能力。五是考试评估方式。在考试中增加跨文化题目,评估学生的国际理解能力。以上方式可以有效地强调国际理解教育,在外语专业教学中培养学生与世界各地人士进行跨文化交流的能力,提升他们的外语水平和综合素养。

(二)优化教学内容和教学方法

优化教学内容和教学方法有助于培养外语专业学生的国际传播力,提升他们在国际舞台上的竞争力和发展潜力,这对于个人的职业发展和社会的进步都具有重要意义。随着全球化的发展,各国之间的交流和合作变得日益频繁,外语专业学生能够流利地使用外语进行沟通和交流,不仅能够更好地融入国际社会,还能够为自身的职业发展打下良好的基础。更新和丰富教学内容可以使学生更好地了解外语国家的文化、历史、政治及社会等方面的知识,提高其国际视野和跨文化沟通能力。同时,优化教学方法可以激发学生学习外语的兴趣,提高他们的学习效率和积极性,促使他们更好地运用所学的知识和技能。

在外语专业课的教学中,教师应该不断丰富教学内容,注重培养学生的跨文化交际能力,为他们将来在国际化环境下的就业和个人发展打下良好基础。跨文化交际素材包括不同国家和地区的文化习俗、传统节日、历史故事、文学作品等内容,通过讨论这些素材,学生可以从不同角度了解世界各地的文化差异和相似之处,提高他们的跨文化沟通能力和人际交往技巧。在教学过程中引入跨文化交际素材也可以激发学生的学习兴趣,增强他们的学习动力,提升学习效果。此外,设立专门的跨文化教育课程也是非常有必要的。这门课程可以系统地介绍各种不同文化的历史、价值观念、习俗等,帮助学生深入了解各种文化之间的差异和联系。融入跨文化环境,提高其跨文化交际的能力和水平。

(三)加强跨文化交际技能培养

"跨文化能力已经成为外语教学的核心目标之一,对国际化人才培养起着极为重要的作用。"[40]国际传播能力和跨文化交际能力是密不可分的,两者相辅相成,共同构成了一个成功的国际传播者所必备的重要技能。国际传播能力是指在跨国界范围内有效地传递信息、观点和价值观的能力。一个具备国际传播能力的人需要具备跨文化的视野和意识，能够理解和尊重不同文化背景下的观点和价值观，且能有效地传达信息给不同文化背景的受众。跨文化交际能力是实现国际传播的关键。跨文化交际能力包括对不同文化的理解和尊重，以及在跨文化环境中进行有效沟通和交流的能力。具备跨文化交际能力的人能够更好地适应并应对不同文化带来的挑战，避免文化冲突和误解，建立信任和共鸣，从而提高国际传播的有效性和影响力。只有同时具备这两方面的能力，一个国际传播者才能够成功地在不同文化背景下进行有效的传播和交流。

加强跨文化交际技能的培养在外语专业教学中至关重要，以下一些方法可以帮助学生增强他们的跨文化交际技能。一是引入跨文化素材。在课堂教学中，引入各种跨文化素材，如不同国家的文化习俗、传统节日、历史背景等，让学生通过学习这些素材来了解不同文化之间的差异和相似之处。二是跨文化交际训练。组织学生参与各种跨文化交际训练活动，如模拟跨文化交际情境、角色扮演等，让他们在实践中提升自己的跨文化沟通能力。三是设立跨文化教育课程。设立专门的跨文化教育课程，系统地介绍不同文化的历史、风俗、习俗等内容，帮助学生深入理解并适应跨文化环境。四是提供实际交流机会。组织学生参与跨文化交流活动，如国际学术交流、文化交流项目等，亲身经历不同文化间的交流，从而提升自己的跨文化交际技能。五是鼓励学生学习多种外语语言及其文化。拓宽他们的视野和认知范围，增强他们的跨文化交际技能。以上方法可以有效帮助外语专业学生增强他们的跨文化交际技能，提高他们在跨文化交际中的应变能力和交流效果。

（四）提供实践机会和课外活动

给外语专业学生提供实践机会和课外活动是非常有意义的。不仅可以帮助外语专业学生提升国际传播力和实践能力，还可以为他们未来的职业发展和国际交流打下坚实的基础。学校应主动为学生提供丰富多彩的实践机会和课外活动，促进学生全面发展和成长。通过实践机会和课外活动，学生可以在真实的国际交流环境中应用所学知识,提升自己的实践能力和技能水平。参与国际传播实践可以拓宽学生的国际视野,让他们更深入地了解世界各地的文化和传播方式,促进跨文化交流和理解。实践机会和课外活动提供了学生与国际组织、企业以及其他机构建立联系的机会,有助于学生建立广泛的职业人脉和个人发展。最重要的是,参与实践活动可以让学生在实践中不断学习和成长,提高其在国际传播领域的竞争力。

为外语专业学生提供实践机会和课外活动可以帮助他们将所学知识与实际应用相结合,提升其国际传播力。具体措施如下:一是实习机会。与企业、机构或国际组织合作,为学生提供实习机会,让他们在实践中运用所学外语和跨文化沟通技能。二是交换项目。组织学生参加国际交换项目,让他们亲身体验外语国家的文化和生活方式,拓展他们的国际视野,提高跨文化交流能力。三是外语角活动。组织外语角活动,让学生在与外国人交流的过程中提升口语表达能力和文化交流能力。四是国际会议或比赛。鼓励学生参加国际会议、比赛等活动,增加他们在国际舞台上展示自己的机会,锻炼国际传播力。五是外语实践课程。设计专门的外语实践课程,包括模拟外交谈判、跨文化沟通训练等活动,帮助学生提升实际应用能力。通过这些实践机会和课外活动,外语专业学生可以更好地将理论知识转化为实际能力,提升自己的国际传播力,为未来的职业发展和国际交流打下坚实基础。

(五)完善国际传播能力评估体系

构建完善的国际传播能力评估体系对于提高外语专业教育的质量和国际传播能力具有重要意义。评估体系的构建和实施可以有效促进外语专业学生的全面发展,为他们未来的职业发展和国际社会的参与提供有力支持。

完善的国际传播能力评估体系可以帮助教师更好地了解学生在外语学习中的表现和成长,及时调整教学内容和方法,提高教学质量。国际传播能力的评估结果也能激励学生努力学习外语,提高自身的语言沟通能力和跨文化交流能力。同时,国际传播能力评估体系可以为学生提供清晰的学习目标和路线,帮助他们更好地规划未来的职业发展方向。完善的国际传播能力评估体系有助于吸引更多国际学生来中国学习中文，促进国际交流与合作，推动国际教育交流的发展。

　　要完善外语专业教育中的国际传播能力评估体系，可以采取以下几个措施：（1）设立明确的评估标准和指标。制订详细的评估标准和指标，包括语言能力、跨文化交流能力、全球化意识等，以便客观评估学生的国际传播能力。（2）多元化评估方法。结合笔试、口语考试、实践项目、作业报告等多种评估方法，综合评价学生的国际传播能力，确保评估全面、客观。（3）专业化评估机构。建立专门的评估机构或委员会负责设计评估工具、培训评估人员，保证评估的专业性和公正性。（4）教师队伍培训。提高教师对国际传播能力评估的重视程度，加强师资队伍的培训，使教师能够准确、公正地评价学生的国际传播能力。（5）跟踪评估结果。定期跟踪评估结果，收集学生的反馈意见，及时调整评估标准和方法，不断优化国际传播能力评估体系。（6）提供个性化指导和反馈。根据评估结果和学生的实际情况，为学生提供个性化的发展建议和指导，提升其国际传播能力。以上措施可以逐步完善外语专业教育中的国际传播能力评估体系，确保评估的有效性和科学性，促进外语专业学生全面发展。

第四章　外语专业人才的创新创业能力培养

一、创新创业能力培养的意义

创新创业教育是一种旨在培养学生的创新能力和创业精神的教育模式。它不仅强调传统学科知识的学习，更注重培养学生的创造力、沟通能力、团队合作能力和解决问题的能力。高校创新创业教育具有以下三个特征：一是重在培养学生创新意识、创业精神与实践能力；二是对有创业愿望的学生进行个性化培养，丰富学生的创业基础知识；三是与专业相结合，提升学生的创业实战技能。[41]在创新创业教育中，学生会接受实践性的训练，包括创业项目的规划、开发和市场营销等方面的实践活动。而大学生创新创业教育能使学生更好地适应未来社会的发展需求，创造更多的就业机会，并促进社会经济的发展。大学生创新创业教育起源于20世纪80年代的美国。当时的美国政府和学术界意识到创新创业对社会发展的重要性，同时也认识到大学生是创新创业的重要力量。因此，美国开始在教育体系中引入创新创业教育，旨在培养大学生的创新意识、创业技能和创业精神。美国的大学生创新创业教育主要包括创新创业课程、创新创业实践、创新创业竞赛、创业孵化中心等，这些举措逐渐形成了现在的大学生创新创业教育体系，为培养大学生的创新能力、创业意识和创业能力提供了良好的平台。随着时代的发展、互联网的普及以及全球化的深入,大学生创新创业教育逐渐扩展到全球,并成为各国高等教育的重要组成部分。

创新教育是指一种以培养学生创新能力为目标的教育理念和实践方法。这种教育模式不仅仅是教授知识,更强调激发学生的创造力、独立思考能力、问题解决能力和创新意识。创新教育注重培养学生的创新精神和创造性思维,让学生具备面对未来社会挑战的能力,能够不断适应和引领时代的变革和发展。创业教育是指一种旨在培养学生创业精神和实践能力的教育模式。创业教育旨在帮助学生了解创业过程、理解创业风险、掌握创业技巧以及培养创业思维,从而使他们能够在未来自主创业或在创新领域发挥作用。创业教育注重实践性教学,倡导学生在课堂上通过实战项目、商业计划比赛、实习实践等方式来锻炼实践能力,培养创新思维,培养团队精神以及获得创业经验。创业教育不仅有助于学生了解创业的挑战和机遇,还有助于激发学生的创业潜力,培养学生的创新能力和竞争力。创新创业教育通过实践项目、商业计划、创业比赛等活动,给学生提供实践和创业的机会,鼓励他们勇于尝试、创新和实践,培养学生团队协作和领导能力,使他们能够迅速适应和应对未来社会和经济发展的需求。创新创业教育旨在培养学生成为具有创新意识和创业精神的未来领导者和创业家,为个人的职业生涯和社会的可持续发展作出贡献。

我国的大学生创新创业教育自 2000 年起逐渐开始兴起,目前已成为高校教育的重要组成部分。李世佼在《大学生创新创业教育体系的构建》中提出,我国应从提高整个国民素质的高度出发,把创新创业型人才培养与研究型人才、应用型人才的培养放在同等重要的地位,鼓励和倡导各类大学开展各种形式的创新创业教育,并把创业家和各类社会创业资源引入高校,密切企业、社会和学校的联系,使创新创业型人才培养逐步成为我国高等教育人才培养体系的一个重要组成部分。[42]政府、高校和企业都在积极推动和支持大学生创新创业教育的发展。在此背景下,许多高校开设了与创新创业相关的课程,包括创业导论、创新管理、创业商业模式设计等,帮助学生掌握创新创业的基本知识和技能。政府、高校和企业组织各种创新创业竞赛、创业训练营、创业实践基地等活动，鼓励学生参与创新创业实践，培养他们的创业能力。一些高校建立了创业孵化器和创业基金等配套支持系统，为有创业想法的大学生提供相关资源和指导，帮助他们实现创业梦想。此外，政府、高校和企业还合作建立创新创业教育平台，为学生提供创新创业信息、资源和支持，吸引学生参与创新创业活动。经过政府、高校和企业多年来的共同努力，我国的大学生创新创业教育取得了一定的成绩，但仍面临一些挑战，尤其是当前全球经济增长恢复不如预期的情况下，高校需要进一步加强创新创业教育，提升学生的创新创业能力，助力我国创新创业事业的发展。

刘宝存在《确立创新创业教育理念培养创新精神和实践能力》中指出，高校创业教育的目标绝不仅是培养能够创办实体企业的学生，而是培养具有创业基本素质和开创型个性的大学生。[43]随着西部陆海新通道的建设，相关地区的经济发展将得到促进，创新创业能力将成为推动经济发展的重要力量。高校需要加强创新创业教育的力度，为学生提供更多创新创业课程和实践机会。通过开设创新创业相关的课程，培养学生的创新思维和实践能力，帮助他们了解创业的机会与挑战，并提升自身的创业技能。同时，高校需要积极与企业界联络，促进校企合作，共同搭建创新创业平台。通过与企业合作开展创新研究和实践项目，让学生接触真实的创新创业环境，培养他们解决实际问题的能力，为未来的自主创业奠定基础。高校还应关注创新创业的专业化发展，为学生提供更多创新创业的专业性的选择。培养更多具有创新创业精神和实践能力的人才，为西部陆海新通道建设提供更多的人力支持。

外语专业的毕业生面临着越来越激烈的就业竞争，开展创新创业教育可以为外语专业的学生提供更广泛的职业选择和发展路径。通过创业教育的培训，学生可以学习创业的基本知识和技能，培养创新思维和解决问题的能力，提高自主创业的成功率。同时，创新创业教育还可以帮助学生了解市场需求，提升就业竞争力，为他们的职业发展打下坚实的基础。在西部陆海新通道建设背景下，外语专业人才不仅需要具备良好的语言能力，还需要培养创新创业能力，提升跨文化沟通能力、团队合作和领导能力、市场营销技能等，以适应经济全球化和创新创业的需求。因此，外语专业开展创新创业教育具有紧迫性，可以帮助学生更好地适应和应对当今复杂多变的社会经济环境，提高就业竞争力，促进个人发展。外语专业人才需要培养创新思维和创业意识，能够不断提出新颖的想法和解决方案，勇于尝试创业机会。外语专业人才需要具备优秀的外语表达能力和跨文化沟通能力，能够有效地与不同文化背景的人进行沟通交流，适应全球化的商业环境。创新创业往往需要团队合作，外语专业人才需要培养团队合作意识和领导能力，能够有效地与团队成员合作，共同实现创新创业目标。外语专业人才需要了解市场需求和趋势，掌握市场营销技能，能够制订有效的营销策略，推广和销售创新产品和服务。高校开展创新创业教育不仅可以促进外语专业人才的个人发展，也可为西部地区经济的发展和西部陆海新通道建设作出积极贡献。

随着全球化的深入发展，外语类专业的就业形势愈发严峻，传统的外语类教育体系已逐渐不能满足社会对外语专业人才的需求，建立外语类专业创新创业教育体系显得尤为必要。传统的外语专业人才培养模式下，培养出来的学生往往知识结构单一，实践能力和职业素养较弱，不能满足社会和企业的需求。[44]传统外语类教育注重学生语言基础和文化知识的传授，而缺乏对学生创新能力和创业精神的培养。高校构建外语类专业创新创业教育体系，不仅有利于激发学生的创新潜能，还培养他们解决问题的能力和创造力。创新创业教育能够使学生接触更多实践性的课程和项目，提高他们的综合素质和实战能力，增强其就业竞争力。高校构建外语类专业创新创业教育体系，有利于外语类专业的教育与行业需求的对接，使教育更契合市场需求，即培养符合社会实际需求的专业人才。创新创业教育涉及外语类专业学科的教学方法、课程设置等方面的改革，可以推动外语类专业学科建设的深化和发展，提高教育质量和水平。高校构建外语类专业创新创业教育体系对于提升外语专业类学生的综合素质、促进外语类专业教育与市场需求的对接以及推动学科建设都具有重要意义。

外语类专业创新创业教育体系可以无缝对接西部陆海新通道建设的需要。在西部陆海新通道建设过程中，需要大量外语能力强、具备跨文化交流技能的人才，这恰恰是外语类专业学生具备的。创新创业教育培养学生实战能力，而西部陆海新通道建设是一个复杂的国际合作项目，所需人才要具备创新精神以及能够在实践中解决问题的能力。在西部陆海新通道建设过程中，涉及与外国企业和机构的合作交流，外语专业学生具备语言能力和跨文化交流技能，可以为这些企业和机构提供专业的服务。创新创业教育可以推动外语类专业技术和服务的创新发展。这不仅仅是因为西部陆海新通道建设需要各种技术和服务支持，也是因为创新创业教育有助于外语类专业学生提出创新解决方案，推动技术和服务的创新发展，满足西部陆海新通道建设过程中的需求。高校构建外语类专业创新创业教育体系可以为西部陆海新通道建设提供所需的人才和技术支持，促进外语类专业与西部陆海新通道建设的有机结合，推动项目的顺利进行和成功落地。总之，外语类专业创新创业教育体系对服务西部陆海新通道建设是非常必要的。

高校构建外语类专业创新创业教育体系可以推动人才培养实现外语类专业内涵式发展的需要。创新创业教育能够为外语类专业学生提供更广阔的视野和机会，让他们在实践中不断学习和成长，丰富专业知识和技能。创新创业教育可以培养学生的综合素质和竞争力，提高他们在职场上的适应能力和竞争力。创新创业教育推动外语类专业教育与社会需求的无缝对接。

高校构建外语类专业创新创业教育体系可以协调国家、企业和学生个人发展的需要。

外语是国家对外交往、文化传播、国际合作的重要工具，高校构建创新创业教育体系可以培养具有创新意识、创业精神和外语能力的人才，为国家培养高素质的外语专业人才提供支持。随着经济全球化的深入，社会对外语类专业人才的需求日益增加。创新创业教育可以培养具备创新精神、实践能力和外语能力的专业人才，更好地满足社会对多元化人才的需求。创新创业教育可以培养学生的创新能力、实践能力和创业意识，提升他们的综合素质和竞争力，使他们更好地适应社会发展的需要，促进个人发展。高校构建外语类专业创新创业教育体系是符合国家、企业和学生个人发展需要的重要举措。创新创业教育是高等教育走出传统教育理念局限，培养出具有创新精神、创业意识和国际竞争力的一流国际人才的必然选择。[45]

二、创新创业能力培养现状

我国外语教育理念长期驻足在外语教学的微观层面,没有突破外语教育的功利化思维,乐于服务市场需求,却低估甚至忽视了外语教育的文化价值和战略意义。[46]近年来,我国高校在创新创业教育方面取得了一些重要的成绩,国家出台了一系列支持大学生创新创业的政策措施,如《国务院关于大力推进大众创业万众创新若干政策措施的意见》等,为高校创新创业教育提供了良好的政策环境。许多高校已经构建了以创新创业必修课、选修课、创新创业竞赛等为主要内容的培养体系,涉及创业意识培养、创业技能训练、实践指导等,为大学生创新创业能力的培养提供了系统的教学支持。高校建立了大学生创新创业训练计划、大学生创新创业竞赛、创业孵化器等各类平台,为学生提供了充分的实践机会和资源支持。戴炜栋、王雪梅的研究表明一流大学和一流学科在科学研究方面更注重全球性、国家性问题,人才培养方面也更注重创新和人文知识储备。[47]一些高校针对创新创业教育的特点,着力培养了一批具有实践经验的"双师型"师资队伍,为创新创业课程的开展奠定了基础。随着创新创业教育的推进,越来越多的大学生主动参与各类创新创业活动。我国高校创新创业教育已经取得了一定的成绩,为培养学生的创新精神和创业能力作出了重要贡献,但仍需要进一步推动创新创业教育的持续深入发展。一些高校缺乏完善的创新创业教育体系,有关政策措施落实不到位,难以为创新创业教育的持续推进提供有力保障。相比于传统学科,高校在创新创业教育方面的资金、硬件设施、师资队伍等投入仍比较有限,难以满足教学需求。现有的创新创业课程往往过于理论化,缺乏针对性和可实践性,难以培养学生的动手能力和创业技能;高校创新创业实践基地和孵化平台建设仍相对薄弱,学生实践机会相对较少,难以将知识转化为创新创业成果。大部分教师缺乏创新创业实践经验,难以真正指导学生创新创业,教学质量难以保证;加上一些学生对创新创业教育缺乏主动性和兴趣,难以形成良性的学习互动。

外语专业学生在创新创业教育方面也面临着诸多问题，具体如下：一是专业定位与创新创业需求不匹配。传统外语专业培养的主要是语言技能和文化知识，与创新创业所需的跨学科能力存在一定差距，难以满足创新创业教育的需求。二是实践基础薄弱。外语专业学生缺乏实际动手操作、问题解决等实践经验，不擅长将理论知识转化为创新创业成果。三是创新思维培养不足。外语专业学生更多偏重于语言训练，相对缺乏创新意识和创新思维的培养，难以形成独特的创新观点和商业模式。四是校企合作渠道有限。外语专业学生与企业的沟通和合作较少，难以及时了解市场需求，缺乏创业项目和资源的支持。五是教学方法缺乏针对性。外语专业创新创业教育往往采用一般性的教学方法，难以根据学生特点开展有针对性的培养。六是教师实践经验不足。外语类教师自身创新创业实践经验较少，难以有效指导学生开展创新创业实践。因此，外语专业学生创新创业教育需要从培养目标、课程设置、实践机会、师资建设等方面进行改革和创新，培养出既具备专业技能又擅长创新的复合型人才。

（一）专业定位与创新创业需求不匹配

目前，高校外语专业的培养方案主要是培养学生的外语能力，如英语、日语、法语、德语等，使他们能够熟练地掌握所学外语的听、说、读、写能力。同时，外语专业也会注重学生的跨文化交际能力和国际视野，培养学生对不同语言及其文化背景的理解和尊重。外语专业的学生通常可以从事翻译、教育、商务、国际交流、外企等领域的工作，如成为翻译员、外语教师、外贸业务员、国际企业的员工等。同时，外语专业的学生也可以选择从事出国留学培训或外语考试、媒体、旅游等相关领域的工作。

外语专业的培养方案更侧重于培养学生的外语能力和跨文化交际能力，而在创新创业领域中，更需要创新思维、团队合作、创业管理等方面的能力。也就是说，外语专业的教育模式和内容可能没有很好地结合创新创业领域的需求。外语专业课程设置中缺乏与创新创业相关的内容，如创新思维培养、团队合作能力培养、创业管理知识等。与其他专业的跨学科合作几乎为零，跨学科的创新创业课程能促进不同专业学生之间的交流和合作。因外语专业自身的限制，外语专业学生很少有机会参与创业实践和创新项目，更缺乏相关的培训和资源帮助他们在创新创业领域发展以及应用外语专业的知识。

（二）实践基础薄弱

外语专业的实践基础主要包括语言技能实践、翻译实践、实习和实践课程、海外交流和留学项目、创新创业实践等。外语专业学生通常以课堂练习、口语对话、听力训练、阅读理解和写作作业等方式进行口语、听力、阅读和写作能力的训练，达到灵活运用外语语言的目的。外语专业学生在课程中会学习翻译理论和实践技能，进行文本翻译、口译和笔译等实践活动，以培养翻译能力和跨文化交际能力。但对创新创业人才需求来说，这还远远不够。因此，部分高校会安排外语专业学生进行实习或实践课程，让学生有机会在企业、机构或社会组织中实际应用所学外语知识，锻炼专业技能和实践能力。一些高校会鼓励外语专业学生参与海外交流或留学项目，让学生有机会在国外学习生活，在提高外语沟通能力和跨文化交际能力的同时，拓展国际视野。一些高校也会鼓励外语专业学生参与创新创业实践项目，培养学生的创新思维、团队合作和创业能力，帮助他们将外语专业知识应用到实际创业项目中。

外语专业学生擅长语言表达和跨文化交流，而创新创业活动则需要具备更多的市场营销、商业运营等方面的知识与技能。加上外语专业学生在校内、校外的创新创业机会可能相对较少，一些高校没有条件针对外语专业学生的创新创业培训课程或实践项目，也缺乏相关资源和平台支持，导致外语专业学生缺乏对创新创业领域的深入了解，也缺少相关行业经验和实践机会。这些因素都会影响他们从事创新创业活动的积极性和能力。

（三）创新思维培养不足

一些高校外语专业还停留在传统的教育理念和教学方法上，没有及时跟上教育理念的更新和市场需求，因此在培养学生创新创业的创新思维上存在欠缺；一些高校缺乏创新思维培养的教学资源和条件，无法为学生提供相应的创新创业环境和机会，限制了学生创新能力的发展；一些高校的师资队伍中缺乏具有丰富实践经验和创新能力的教师，不能为学生提供有效的引导和支持。大部分高校外语专业的评价体系更注重学生对语言知识的掌握和记忆，而忽视了学生的创新能力和独立思考能力，导致学生对培养创新思维缺乏积极性；跨学科的交叉融合课程能激发学生创新的思维，但一些高校的专业课程设置较为封闭，缺乏跨学科的培养机会，限制了学生的思维拓展和创新能力的提升。

（四）校企合作深度不够

学校和企业之间未能建立有效沟通的机制，导致双方难以相互了解和合作。可能原因如下：学校或企业并不重视校企合作，认为合作成本过高，合作意愿不强；一些学校自身资源有限，无法提供足够的支持和帮助，从而限制了校企合作的发展；学校或企业缺乏足够的专业人才来推动校企合作项目的发展和实施，也是一个影响合作深度的重要原因。

高校外语专业相较于其他专业，更难找到适合校企双方的合作项目，不仅仅是因为外语专业的特点需要更多涉外机构或企业的支持和合作，还有以下几个原因：外语专业所学习的语言在校企合作中会受到限制，特别是如果合作对象是非英语国家或地区的企业；外语专业涉及的行业相对较多，但在具体项目和职位中的校企合作机会可能较少；高校的资金、人才和资源投入有限，难以支持外语专业进行的校企合作项目；外语专业的毕业生更偏向于从事教育、翻译、外交等行业，校企合作项目的需求相对较少。

（五）教学方法针对性不足

高校对外语专业学生的教学方法针对性不足主要表现如下：高校缺乏专业化的师资力量和教学资源支持，无法给外语专业学生提供针对性的创新创业课程和指导；高校缺乏灵活的创新创业教育机制，难以培养学生的创新精神和创业能力；高校与企业的合作渠道不畅，无法为学生提供实践机会和创新创业项目资源，限制了学生的实践能力培养；高校缺乏创新创业文化的建设和熏陶，学校氛围和教育环境未能激发学生的创新创业潜力。以上因素导致部分外语专业学生对创新创业教育缺乏认知和重视，参与相关活动和项目缺乏积极性，影响了创新创业教育的效果。具体表现如下：学生缺乏实际操作经验，无法将所学知识转化为实际价值；学生缺乏实际操作的机会和平台，影响其创新创业能力的培养；学生缺少与企业接触和合作的机会，创新创业实践经验不足。

（六）教师实践经验不足

高校教师通常侧重于学术研究和教学，对市场需求和商业模式了解不足，容易导致创新项目与市场需求脱节；高校教师往往更注重学术价值和理论技术创新，对商业化运营和市场推广缺乏经验，导致创新项目无法顺利转化为商业成果；他们通常习惯独自工作或与学术圈内的同行合作，对于跨学科或跨行业的团队合作缺乏经验，难以有效组建合适的创新团队；高校教师在学术界相对稳定的工作环境下，对市场风险和未知领域的挑战缺乏足够的认识，容易在创新创业实践中受挫；高校教师在学术研究中主要依赖学校和研究机构提供的资源支持，缺乏对外部资源整合和运营的经验，容易在创新创业实践中面临资源匮乏的困境。

不少外语专业教师较少接触商业领域，对市场需求和趋势缺乏深入了解，容易开发出与市场需求不符合的产品或服务；不少外语专业教师通常注重语言教学方法和教材研发，对于技术创新和数字化教育的理念和实践缺乏经验，难以利用新技术进行创新创业；创新创业通常需要跨学科合作，而外语专业教师可能更擅长语言教学领域，对于与其他学科或行业合作的经验和能力有限；外语专业教师在教学和学术研究中主要依赖学校经费和科研经费的支持，对于创新创业所需的资金、人力和技术资源整合经验不足，更容易面临资源匮乏的挑战。

三、创新创业能力培养策略

王守仁、宁琦、董洪川等专家强调外语学科发展必须对接国家战略、服务国家需求，要把外语专业人才培养提到国家安全、"一带一路"建设、构建人类命运共同体等国家战略高度。社会需求逻辑是学科建设的方向，要求外语学科建设坚持中国特色，对接国家战略，服务国家经济和社会发展需求。[48]外语专业应该在创新创业培育方面加大实施力度，培养更多具有全球视野和创新精神的复合型人才，为社会经济发展作出更大贡献。这也是全球化背景下培养学生综合能力的需求，同时能够促进学科发展和社会经济的发展。超越"工具性""过于职业化导向"的短期教学模式无法适应当前新时代外语人才培养的需要。[49]高校建立起多学科交叉、专业教学与实践教学融合、个人技能训练与团队协同进步的新型外语教育模式势在必行。创新创业教育的本质属性是培养大学生的创新精神、创业意识和创造能力，是大学生创新思维、实践能力和创业意识培养必不可少的教育模式。[50]高校外语专业可以从以下方面培育学生的创新创业能力。

（一）制定融入创新创业理念的培养方案

外语专业制定融入创新创业理念的培养方案对于提升学生综合素质、促进学科发展、培养跨文化交流能力、提高就业竞争力以及推动社会经济发展具有重要意义。融入创新创业理念的培养方案可以帮助学生培养创新思维、创业精神和解决问题的能力，提升学生的综合素质和竞争力；融入创新创业理念的培养方案可以推动外语专业与其他学科的交叉融合与合作，促进学科内部的发展和创新。这有助于丰富专业教学内容，提高教学质量，满足市场需求，还能帮助学生更好地理解和适应不同文化背景下的沟通和交流，提升跨文化交流能力。对于外语专业学生来说，他们在跨国公司、国际组织等职场中具有更大的竞争优势；而具备创新创业意识和能力的外语专业学生更容易适应社会发展的需求，更具备适应力和竞争力。他们可以在国际贸易、跨国公司、文化传播等领域发挥重要作用，促进社会的繁荣和进步。

在制定融入创新创业理念的培养方案上，高校可以尝试采取以下策略和方法：一是设立相关课程。开设与创新创业相关的课程，如创新思维、创业管理、市场营销等，使学生接触、了解创新创业的理念和实践。这些课程可以让学生在学习外语的同时培养创新创业能力。二是拓展实践机会。为学生提供实践机会，如创业实践课程、创意比赛、企业实习等，让学生在实践中锻炼创新创业技能，培养解决问题和创造价值的能力。三是引入跨学科合作。与其他学科合作开设跨学科课程，促进不同领域的交叉融合，培养学生的综合能力和跨文化交流能力，为创新创业提供更广阔的视野。四是导师制指导。建立导师制度，为学生提供个性化辅导和指导，帮助他们发现自己的创新潜能和创业方向，指导他们在创新创业领域的发展。五是开展创新创业活动。组织创新创业讲座、沙龙、比赛等活动，邀请成功创业者和企业家分享经验，激发学生的创新创业热情和动力，激发他们追求创新的勇气和决心。六是建立创新创业教育平台。由专门的创新创业教育平台为学生提供开展创新创业实践的机会，促进学生创新创业能力的提升。通过以上措施，高校外语专业可以有效制定融入创新创业理念的培养方案，培养具有外语技能和创新创业能力的复合型人才，为学生的职业发展和社会经济发展作出贡献。

（二）创新改革外语专业的课程体系

创新改革外语专业的课程体系对于提高教学质量、增强学生综合能力、提升学生就业竞争力以及推动学科发展等方面都具有重要的意义。创新改革外语专业的课程体系能够使教学内容更贴近实际需求，教学形式更加灵活多样,提升学生的课堂兴趣,提高他们学习外语的积极性和效果。创新改革外语专业的课程体系,可以引入更多的实践性课程和项目实践,从而提高学生的语言应用能力,培养他们的跨文化交际能力,增强他们的综合素质。创新改革外语专业的课程体系能够更好地满足社会发展对外语专业人才的需求,使学生具备更广泛的职业能力,提升他们在就业市场上的竞争力。高校通过创新改革外语专业的课程体系,既可以促进学科的发展和进步,推动教育教学改革,为外语教育的发展注入新的活力和动力,同时也有助于增强外语专业学生的国际竞争力和影响力。

创新改革外语专业的课程体系可以通过以下几个方面来实施:一是更新教学内容。及时更新教学内容以适应社会发展和学生需求的变化。引入新兴的外语学科领域,结合实际案例和最新的研究成果,使教学内容更加贴近现实。二是引入跨学科教学。将外语学科与其他学科相结合,开设跨学科的课程,促进学科之间的交叉学习,拓宽学生的视野和知识面。三是强化实践教学。增加实践性课程和项目实践,如实习、实践性项目等,让学生在实践中学以致用,提高语言应用能力和实践能力。四是推行个性化教学。尊重学生的个性差异,采用个性化教学方法,根据学生的兴趣、能力和需求设计个性化学习方案,激发学生学习的积极性。五是强化跨文化教育。注重培养学生的跨文化交际能力和跨文化意识,使他们具备在不同文化环境中应对挑战的能力。六是教学手段创新。引入现代教学技术,如在线教育、多媒体教学、虚拟实验室等,提高教学效率和课程吸引力,激励学生主动参与到教学活动中。七是加强师资队伍建设。加强外语教师的专业培训和促进教师个人发展,提高他们的教学水平和素质,保证教学质量和创新力。

(三)打造创新创业师资团队

高校外语专业打造创新创业师资团队对于培养具有创新创业精神的外语人才、提升教学质量、推动产学研结合等方面具有重要意义。创新创业师资团队能够给学生树立榜样,激发学生的创新创业意识和精神,提升学生的创新能力和创业意识;创新创业师资团队具有丰富的实践经验和资源,为学生提供更多的实践机会和经验分享,在实践中培养学生的实际操作能力和解决问题的能力;创新创业师资团队可以促进学校与企业、科研机构等的合作,推动产学研结合,为学生提供更多的实习和实践机会,促进学术成果转化和产业发展;具备创新创业素养的师资团队能够开展更具创新性和实践性的教学活动,以激发学生的学习兴趣和潜力,提升教学质量和效果;创新创业师资团队的存在可以为学生提供更多选择,培养具备外语专业知识和创新创业能力的多元化人才,满足社会对复合型人才的需求。

要打造外语专业创新创业师资团队,可以采取以下几个措施:(1)招聘具有创新创业经验和素养的教师。高校可以通过专业化的招聘渠道,吸引具有创新创业意识和经验的外语教师加盟,以丰富团队的教学资源和经验。(2)提供专业创新创业培训。为现有教师提供创新创业教育培训和交流机会,丰富其创新创业知识,提升其创新创业能力,激发其创新创业热情,打造一批具备创新创业素养的师资队伍。(3)创建创新创业平台。高校可以建立专门的创新创业平台,为教师提供资源支持和创新创业项目孵化服务,促进教师之间的交流合作,鼓励他们开展创新性的教学和科研活动。(4)支持教师创新创业项目。高校可以给予教师一定的支持和资金,鼓励他们申请创新创业项目和教学改革项目,促进教师在创新创业领域的成果转化和应用。(5)建立创新创业导师团队。组建专门的创新创业导师团队,由具有丰富创新创业经验的教师担任导师,为学生和教师提供创新创业指导和支持,促进创新创业教育的开展。(6)开设创新创业课程。针对外语专业的学生和教师,开设创新创业相关的课程和讲座,引导他们了解创新创业理念和方法,培养其创新创业能力和意识。通过以上措施,高校外语专业可以逐步打造具有创新创业能力的师资团队,为学生提供更加多元化和有价值的教育资源,推动外语专业教育向创新和实践的方向发展。

(四)创建"外语+专业+创新"的实践教学模式

"外语+专业+创新"的实践教学模式是指在外语教学中融入专业知识和创新元素的教学方式。将外语专业教学与其他专业的具体知识相结合,可以帮助学生更好地理解和应用所学的外语知识。实践教学让学生将所学知识应用到实际情境中,培养他们解决实际问题的能力。鼓励学生在学习和工作中不断寻求新的解决方案和方法,培养学生的创新思维和创造力。外语专业创建"外语+专业+创新"的实践教学模式,有助于提高教育教学的质量,培养更具有竞争力的人才。这种教学模式可以帮助学生更好地将所学的外语知识应用到实际的专业领域中,提高他们的实际应用能力;可以激发学生的学习兴趣,激励他们更积极地参与到学习过程中,从而提高学习效果;也可以促进教师间的交流和合作,共同探讨如何更好地为学生提供优质的教学资源和服务。

要创建"外语+专业+创新"的实践教学模式,高校外语专业可以采取以下几个措施:(1)制定跨学科课程。设计结合外语和其他专业的跨学科课程,让学生在学习外语的同时能够了解和应用相关专业知识,以促进学生综合能力的提升。(2)引入项目式学习。组织学生参与项目式学习,让他们在实际项目中运用所学外语和其他专业知识,培养问题解决能力和团队协作能力,而且项目式学习可以激发学生的学习兴趣,提高学习效果。(3)推行实践教学。组织学生参与实践教学活动,如实地考察、实习实训等,让学生在真实情境中应用外语和其他专业知识,培养实际操作能力和解决问题的能力。(4)鼓励创新思维。引入创新教学方式,如设计思维课程、创客活动等,培养学生的创新思维和创造力,鼓励学生在学习中提出新观点和解决问题的新方法,培养他们的创新潜力。(5)开展学术交流和合作。促进学术交流与合作,建立外语专业与其他专业之间的合作关系,共同开展跨学科研究和教学项目,为学生提供更多的学习资源和机会,同时促进学科间的交流与融合。

通过以上措施,高校外语专业可以创造出"外语+专业+创新"的实践教学模式,为学生提供全面且有实践性的学习体验,促进他们综合素质的提升,培养具有创新精神和实际能力的外语专业人才。

（五）建立数智化综合实训系统

数智化综合实训系统利用数据分析、人工智能、云计算等技术手段，结合实践操作和综合素质培养，为学生提供全方位的教学支持和指导。这样的系统可以帮助学生更有效地学习和掌握知识，提升实践能力和解决问题的能力。该系统能够根据学生的学习需求和能力水平提供个性化的学习内容和指导，帮助学生高效学习；实时监测学生学习进度和表现，及时发现问题并进行调整和指导；通过数据分析和人工智能技术对学生的学习效果和水平进行评估，为学生提供精准的评价和反馈；提供虚拟实验平台，让学生在安全的环境下进行实践操作，增强实际操作能力；整合各种学习资源，包括教材、视频、文献等，为学生提供全面的学习支持；促进学生之间的互动和交流，让学生通过合作学习和讨论提升学习效果。需要指出的是，建立数智化综合实训系统需要学校和教师对教学目标和需求进行全面评估和规划，选择合适的技术和平台进行搭建和应用。同时，学生也需要积极参与和配合，利用系统提供的资源和工具进行学习和实践。

建立数智化综合实训系统可以按照以下步骤进行：（1）确定实训项目。确定外语专业要开展的实训内容和项目，包括语言学习、口语交流、文化交流等方面的实训内容。（2）设立实训目标。明确实训的目标和学习要求，确保实训内容与学生能力水平相匹配。（3）设计实训课程。将实训内容分解为具体的课程模块，并设计每个模块的教学内容、学习任务和评价标准。（4）确定实训工具。选择适合外语专业的数智化工具和技术，包括虚拟实验平台、在线学习平台、语音识别技术等。（5）整合教学资源。整合实训所需的教学资源，包括教材、学习资料、教学设备等，保证实训的顺利进行。（6）实施实训。按照设计好的课程计划和教学内容，开展实训活动，引导学生进行实践操作和探究学习。（7）评估效果。利用实训过程中的评估手段和工具，对学生的学习效果和能力提升进行评估，及时调整和优化实训内容和方法。

（六）构建产学研合作的创业体系

产学研合作的创业体系指的是学校、企业和科研机构之间建立紧密联系和合作关系，共同支持和促进创新创业活动的开展和发展。该创业体系旨在整合各方资源和优势，促进产业界、学术界和创新创业者之间的互动与合作，推动科研成果的转化和商业化，培育创新创业人才，促进区域经济发展和产业升级。

在外语专业中构建产学研合作的创业体系具有促进学生创新能力和实践能力的培养，提升学术研究成果的转化效率，推动学科发展与产业升级等作用。产学研合作的创业体系可以让外语专业学生接触到真实的商业环境和市场需求，激发他们的创新创业意识和企业家精神，培养他们在国际化背景下的创业能力；该创业体系能为外语专业学生提供更多的实践机会，使其能够将课堂上学到的知识和技能应用到实际场景中，提高实践操作能力和解决问题的能力；产学研合作的创业体系有利于不同学科的交叉融合与创新，外语专业学生可以与其他专业的学生合作开展创新项目，结合跨学科的优势，增强团队能力和项目的创造力；外语专业的学术研究成果可以借助产学研合作的创业体系得到更快地转化和应用，促进学术成果的商业化和产业化；外语专业学生在产学研合作的创业体系中可以接触到更广阔的就业市场，从而获得更多的职业发展机会和实践经验，提高自身的竞争力。

高校外语专业构建产学研合作的创业体系，可以采取以下几个步骤：（1）与企业建立合作关系。高校外语专业应主动与各个行业的企业建立合作关系，开展双向交流与合作。高校可以邀请企业来校举办讲座、实习招聘会等活动，同时也可以派遣学生到企业进行实习或实践项目。（2）开展科研合作。外语专业可以与科研机构合作，开展研究项目、论文合作等活动。不仅可以提高教师和学生的研究水平，还可以增加学校的学术影响力。（3）推动创新创业教育。外语专业可以开设创新创业教育课程，帮助学生了解创业的基本知识和技能。同时，组织创业比赛、创业讲座等活动，激发学生的创业热情。(4) 利用校园资源促进创业。外语专业可以利用学校的资源,如创业孵化器、创业基金等,为学生提供平台和资金支持,帮助学生更好地实现自己的创业梦想。

第五章 结论

在西部陆海新通道建设的背景下,重庆正积极融入国际性合作中,其中外语人才发挥着举足轻重的作用。随着陆海新通道建设的推进,重庆的外语人才将迎来更为广阔的就业前景。为此,重庆的高校应紧跟市场需求,增设与西部陆海新通道建设密切相关的外语专业方向,如贸易、物流、旅游等,为学生提供多元化的就业选择。此举将有力推动重庆的国际化进程,提升重庆的国际影响力。为了进一步提升外语人才的综合素质和国际竞争力,重庆的高校应加强与国外高校、企业的交流合作。通过这一方式,可以拓宽学生的国际视野,提高他们的国际交流能力,为重庆在西部陆海新通道建设中的国际合作与发展奠定坚实基础。作为西部陆海新通道建设的重要节点,重庆将成为中国西部地区的重要经济中心之一,为贸易和文化交流提供广阔平台。在这一进程中,外语人才将承担翻译、谈判、文化交流等重要任务。因此,加强外语人才的文化自信培养显得尤为重要。外语人才应深入了解并认同中国文化,培养坚定的文化自信心,实现与世界各国文化的双向沟通与交流。

未来,随着西部陆海新通道建设的深入推进,重庆将进一步加大对外语人才的培养和引进力度,通过完善人才培训和引进机制,为外语人才提供更多的支持和保障,助力他们在国际舞台上发挥更大作用。同时,重庆将积极推动文化交流与合作,打造开放包容的文化氛围,为西部陆海新通道建设注入新的活力。

在国际传播能力方面，重庆将重点培养外语人才的跨文化交际能力。加强语言能力培养，包括口语、写作和听力等方面的训练，使外语人才能够流利地表达自己，且能与国际社会进行有效沟通。此外，重庆应注重培养外语人才的国际视野和综合素质，鼓励他们积极参与国际学术交流、文化交流和商务活动，提高在国际舞台上的影响力和竞争力。

在创新创业能力方面，重庆将着力培养外语人才的创新意识和创业精神。鼓励外语人才参与科技创新和创业项目，培养他们的创新意识和实践能力，提高他们在新技术和新产业领域的竞争优势。同时，重庆还将为外语人才提供创业指导和资源支持，帮助他们实现创业梦想。

总之，重庆应积极采取多项举措，为外语人才的培养和发展提供有力支持。通过培养外语人才的文化自信、国际传播能力和创新创业能力等多方面的综合能力，重庆外语人才可在国际舞台上发挥重要作用，推动重庆的经济繁荣和文化交流，为地区发展作出更大贡献。作为重庆外语人才培养的重要支撑，重庆的政府、高校、企业等各方力量需要进一步加强协作，形成合力。具体措施如下：

首先，高校应持续优化外语专业课程设置，确保课程内容与西部陆海新通道建设的实际需求紧密对接，同时加强实践教学环节，提高学生的实际操作能力。政府应发挥引导和扶持作用，为外语人才的培养提供政策支持和资金保障。可以设立专项基金，用于支持外语人才的培训、交流、创业等活动；同时，加强与国际组织和机构的合作，为外语人才提供更多的国际交流机会。

其次，企业应积极参与高校外语人才的培养工作，为高校提供实习实训基地，与高校共同制定人才培养方案，实现产学研深度融合。此外，企业还可以为外语人才提供职业发展规划指导，帮助他们更好地适应市场需求，实现个人价值。同时，重庆的外语人才也需要不断提升自身素质和能力，不断学习新知识、新技能，增强自身的综合素质和竞争力；积极参与各类国际交流活动，拓展国际视野，提高跨文化交际能力。

再次，重庆还应加强外语人才的国际化培养。鼓励外语人才到国外留学、交流、实习，了解不同国家的文化、经济、政治等方面的情况，提高自身的国际化水平。同时，加强与国外高校、企业的合作，引进国外优质教育资源，为外语人才提供更多的学习和发展机会。

最后，重庆应充分发挥外语人才在西部陆海新通道建设中的桥梁纽带作用。外语人才可以利用自身的语言优势和文化背景，促进中国与世界各国之间的贸易、投资、文化等方面的交流与合作，为重庆乃至中国的国际化发展贡献力量。

综上所述，重庆外语人才的培养和发展是一个系统工程，需要政府、高校、企业和社会各方的共同努力和协作。只有多方形成合力，才能为外语人才提供更好地培养和发展环境，推动他们在西部陆海新通道建设中发挥出更大的作用，为重庆的国际交流和合作提供有力支持。在推动外语人才深度参与西部陆海新通道建设的同时，重庆还应注重培养外语人才的领导力和团队协作能力。领导力不仅指带领团队的能力，还包括在面对复杂国际环境时，能够做出明智决策、引领团队前行的能力。因此，高校在培养外语人才时，应增设领导力相关课程，通过案例分析、模拟演练等方式，提升学生的领导力水平。此外，团队协作能力的培养也同样重要。在全球化的背景下，任何项目的成功都离不开团队的合作与努力。重庆的外语人才需要学会与不同背景、不同领域的人合作，共同完成任务。因此，高校应鼓励学生参与团队项目，培养他们的团队协作能力，以及解决冲突和问题的能力。

随着科技的快速发展，外语人才也需要具备一定的科技素养和数字化技能。例如，他们应了解并掌握大数据分析、人工智能、云计算等前沿技术，以便更好地服务于西部陆海新通道建设中的各项工作。为此，高校可以开设相关课程，为学生提供必要的技术支持和培训。

除了专业技能的培养，重庆还应注重外语人才的职业道德和社会责任教育。他们应明确自己在国际交流中的使命和担当，积极传播中国声音，讲好中国故事，为促进世界和平与发展贡献自己的力量。为了进一步提升外语人才的实践能力和创新能力，重庆可以建立外语人才实践基地和创新平台。这些基地和平台可以为外语人才提供实践机会和创新资源，让他们在实践中学习、在创新中成长。同时，通过实践和创新，外语人才也可以更好地服务于西部陆海新通道建设中的各项工作。

此外，重庆还应加强外语人才的市场化运作和品牌建设。通过市场化运作，可以将外语人才的优势和资源转化为实际的生产力，为西部陆海新通道建设提供有力支持。而加强品牌建设也可以提升外语人才的知名度和影响力，吸引更多的优秀人才加入外语人才培养的行列中来。

显然，重庆在外语人才培养方面还有很大的提升空间。通过加强领导力、团队协作能力、科技素养、职业道德和社会责任教育等方面的培养，以及建立实践基地和创新平台、加强市场化运作和品牌建设等措施的实施，可以进一步提升外语人才的综合素质和竞争力，为西部陆海新通道建设提供有力的人才支持。在全球化与数字化不断加速发展的今天，重庆的外语人才培养工作还需紧跟时代步伐，不断创新培养模式和机制。以下是笔者的一些建议，希望进一步推动外语人才在重庆乃至全国范围内发挥更大的作用。

（一）深化产教融合，实现外语教育与产业发展无缝对接

重庆地区应深化产教融合，鼓励外语教育机构与相关企业建立紧密的合作关系。通过共建实训基地、开展产学研合作项目等方式，为学生提供更多实践机会，帮助他们更好地了解产业发展趋势，掌握实际应用技能。同时，企业也可从中获得更多优秀人才和创新成果，实现互利共赢。

（二）加强国际交流与合作，拓宽外语人才的国际视野

重庆应积极参与国际交流与合作项目，为外语人才提供更多的国际交流机会。通过组织师生参加国际学术会议、国际文化节等活动，帮助他们拓宽国际视野，了解不同国家的文化、经济、政治等方面的情况。同时，加强与

国际知名高校和企业的合作,引进国外优质教育资源,提升外语教育的国际化水平。

(三) 推动跨学科融合,培养复合型外语人才

随着全球化和数字化的发展,外语人才需要具备跨学科的知识和技能。重庆应推动外语教育与计算机科学、经济学、管理学等学科的融合,培养具备跨学科知识和技能的复合型外语人才。这些人才将能够更好地适应复杂多变的工作环境,为西部陆海新通道建设提供全方位的支持。

(四) 加强外语人才队伍建设,提升整体竞争力

为了提升外语人才的整体竞争力,重庆应加强外语人才队伍建设。通过引进优秀人才、加强在职培训等方式,提升外语教师队伍的整体素质。同时,建立激励机制,鼓励外语人才积极参与各类竞赛和评比活动,提升他们的自信心和竞争力。

(五) 关注外语人才的心理健康和职业发展

在外语人才培养过程中,应关注他们的心理健康和职业发展。通过开设心理健康课程、提供职业咨询服务等方式,帮助他们解决在学习和工作中遇到的心理问题。同时,为他们提供职业规划指导和创业支持,帮助他们实现个人价值和职业发展目标。

(六) 加强外语教育的评估和反馈机制

为了确保外语教育的质量和效果,重庆应建立科学的外语教育评估和反馈机制,对学生的学习成果进行评估和反馈,及时发现和解决教育过程中存在的问题。同时,收集用人单位和社会各界的反馈意见,不断优化培养方案和课程设置。

总之,重庆在外语人才培养方面应紧跟时代步伐,不断创新培养模式和机制。通过深化产教融合、加强国际交流与合作、推动跨学科融合、加强外

语人才队伍建设、关注外语人才的心理健康和职业发展以及加强外语教育的评估和反馈机制等措施的实施,可以进一步提升外语人才的综合素质和竞争力,为西部陆海新通道建设提供有力的人才支持。

参考文献

[1] 张义学. 陆海新通道让西部融入世界[J]. 西部大开发, 2019 (11): 28-32.

[2] 中华人民共和国国家发展和改革委员会. 西部陆海新通道总体规划[EB/OL]. (2019-08-15) [2024-05-05]. http://www.ndrc.gov.cn/xxgk/zcfb/ghwb/201908/t20190815_962256.html.

[3] 汤正仁. 西南地区崛起的原因与思考[J]. 区域经济评论, 2020 (2): 56-64.

[4] 熊灵, 徐俊俊. 南向通道建设的"一带一路"联动效应: 影响与挑战[J]. 边界与海洋研究, 2019, 4 (1): 38-53.

[5] 温清, 马海霞. 西部陆海新通道沿线地区经济发展时空差异及影响因素研究[J]. 新疆师范大学学报(自然科学版), 2021, 40 (2): 44-51.

[6] 傅远佳. 中国西部陆海新通道高水平建设研究[J]. 区域经济评论, 2019 (4): 70-77.

[7] 王景敏. "西部陆海新通道"物流系统建设面临的挑战与应对之策[J]. 对外经贸实务, 2019 (5): 83-85.

[8] 李牧原. 重庆方略助推西部陆海新通道建设拾级而上[J]. 集装箱化, 2020, 31 (4): 1-5.

[9] 宗会明. "一带一路"背景下中国内陆城市对外贸易格局演变及影响因素分析——以重庆市为例[J]. 学术论坛, 2020, 43 (1): 99-108.

[10] 李淑梅. 西部陆海新通道跨境应急物流协同机制研究[J]. 物流科技,

2020,43(5):63-64,72.

[11] 霍卫平. 用好国际陆海贸易新通道 加快西部地区对外开放步伐[J]. 中国经贸导刊,2019(6):24-25.

[12] 苏科伍,马小利. 中国对外开放不断扩大的辉煌历程——基于对外贸易视角的思考[J]. 毛泽东邓小平理论研究,2018(7):45-51,107.

[13] 韩亚峰. "一带一路"倡议下中国双向投资与对外贸易增长的协调关系研究[J]. 宏观经济研究,2018(8):52-59,74.

[14] 刘英奎,任国萍,张文娅. 中国西部地区开放型经济发展对策研究[J]. 区域经济评论,2021(5):99-105.

[15] 曾婧. 中国对外贸易成本解构与未来发展问题研究[J]. 河南社会科学,2019,27(1):26-32.

[16] 康益敏,朱先奇,李雪莲. 制度质量与中国对外贸易的门槛效应分析——基于"一带一路"沿线国家面板数据[J]. 经济问题,2019(4):117-122.

[17] 梁漱溟. 梁漱溟全集:第2卷[M]. 济南:山东人民出版社,1990.

[18] 习近平. 决胜全面建成小康社会夺取新时代中国特色社会主义伟大胜利——在中国共产党第十九次全国代表大会上的报告[EB/OL]. (2017-10-18)[2024-05-05]. https://m.mofcom.gov.cn/article/zt_dlfj19/fbdt/201710/20171002657108.shtml.

[19] 董学文. 增强文化自觉与文化自信[EB/OL]. (2016-03-01)[2018-10-01]. http://www.sxllmj.org.cn/list.asp?id=4630.

[20] 邱柏生. 论文化自觉、文化自信需要对待的若干问题[J]. 思想理论教育,2012(1):14-19.

[21] 陈东旭. 国际投资中的文化风险分析[J]. 现代经济信息,2013(15):192,195.

[22] 习近平. 在文艺工作座谈会上的讲话[EB/OL]. (2014-10-15)[2024-05-05]. https://m.mofcom.gov.cn/article/zt_dlfj19/fbdt/201710/20171002657108.shtml. 2014-10-15.

[23] 廖小琴. 文化自信：精神生活质量的新向度［J］. 齐鲁学刊，2012（2）：79-82.

[24] 习近平. 习近平谈治国理政［M］. 北京：外文出版社，2015.

[25] 仲呈祥. 文化自信与繁荣文艺［EB/OL］. （2016-12-13）［2024-05-05］. http://www.rmzxb.com.cn/c/2016-12-13/1212137.shtml.

[26] 刘芳. 对文化自觉和文化自信的战略考量［J］. 思想理论教育，2012，(1)：8-13.

[27] 李立国. 文化自塑与文化自信——我国大学文化传承创新的当代使命［J］. 清华大学教育研究，2011，32（3）：55-56.

[28] 陈独秀. 陈独秀著作选编：第1卷［M］. 上海：上海人民出版社，1984.

[29] 陈锡坚. 现代大学发展的学术文化价值取向［J］. 教育研究，2013，34（8）：57-60.

[30] 幺大中，罗炎. 亚里士多德［M］. 沈阳：辽海出版社，1998.

[31] 谢维. 高校外语教育中国际传播能力培养策略研究［J］. 教育教学，2020（5）：12-14.

[32] 习近平. 高举中国特色社会主义伟大旗帜　为全面建设社会主义现代化国家而团结奋斗———在中国共产党第二十次全国代表大会上的报告［EB/OL］. （2022-10-25）［2024-05-05］. https://m.mofcom.gov.cn/article/zt_dlfj19/fbdt/201710/20171002657108.shtml.

[33] 蒋洪新，杨卓. 外语教育加强国际传播能力建设的若干思考［J］. 外语界，2024（1）：2-5.

[34] 李小俞. 日语教学中的文化缺失现象分析［J］. 襄阳职业技术学院学报，2016（3）：100-102.

[35] 中共中央宣传部. 习近平新时代中国特色社会主义思想学习问答［M］. 北京：人民出版社，2021.

[36] 吕萍. 高校外语教育中如何有效地提高学生的国际传播能力［J］. 现代教育技术，2020（2）：109-110.

[37] 蒋洪新. 为讲好中国故事作贡献[N]. 人民日报，2021-07-09(006).

[38] 朱红宇. 新形势下国际化人才的跨文化能力要求与培养思路[J]. 对外传播，2022（3）：39-41.

[39] 刘永辉. 推进复合型外语人才培养 助力湖南全面"走出去"[N]. 湖南日报，2022-06-11（006）.

[40] 孙有中. 外语教育与跨文化能力培养[J]. 中国外语，2016（3）：17-22.

[41] 王占仁. "广谱式"创新创业教育体系建设论析[J]. 教育发展研究，2012，32（3）：54-58.

[42] 李世佼. 大学生创新创业教育体系的构建[J]. 黑龙江高教研究，2011（9）：119-121.

[43] 刘宝存. 确立创新创业教育理念，培养创新精神和实践能力[J]. 中国高等教育，2010（12）：12-15.

[44] 刘筱筠，张翼. 基于产学研的创新创业型外语人才培养模式研究[J]. 中国教育学刊，2018（S1）：51-53.

[45] 杨雪梅，王文亮. 创新创业教育论[M]. 北京：清华大学出版社，2017.

[46] 李宇明. 中国外语规划的若干思考[J]. 外国语（上海外国语大学学报），2010，33（1）：2-8.

[47] 戴炜栋，王雪梅. "双一流"背景下外语类院校的发展定位、特征与战略[J]. 北京第二外国语学院学报，2017，39（1）：1-17，127.

[48] 孙钦美，赵双花. 构建新时代高校外语学科协同发展"共同体"——一流外国语言文学学科建设与发展高峰论坛述评[J]. 外语界，2018（2）：74-79.

[49] 仲伟合，王巍巍. 新时代背景下我国高校外语专业教育的改革与发展[J]. 山东外语教学，2018，39（3）：42-49.

[50] 刘志军，郝杰. 美国创新创业教育体系的建设与实施[J]. 中国大学

教学，2016（10）：43-47.

[51] 克里斯·巴克. 电视、全球化与文化认同［M］. 北京：北京大学出版社，2008.

[52] 伯顿·克拉克. 高等教育系统［M］. 王承绪，徐辉，殷企平，等译. 杭州：杭州大学出版社，1994.

[53] 蔡尚思. 中国文化的优良传统［M］. 北京：北京大学出版社，2011.

[54] 柴焰，王萌. 文化自信从何而来［J］. 理论学习，2012（2）：8-10.

[55] 常洁. 当代大学生不良消费心理及对策研究［J］. 山西高等学校社会科学学报，2012，24（1）：65-68.

[56] 陈娜，骆郁廷. 以文化人：习近平文艺思想的核心［J］. 思想教育研究，2017（8）：41-45.

[57] 陈文殿. 全球化与文化个性［M］. 北京：人民出版社，2009.

[58] 储朝晖. 中国大学精神的历史与省思［M］. 太原：山西教育出版社，2006.

[59] 邓士杰. 高校学生文化自信培育研究［D］. 重庆：重庆工商大学，2017.

[60] 杜振吉. 文化自卑、文化自负与文化自信［J］. 道德与文明，2011（4）：18-23.

[61] 范学建，吴国珍. 中西交融以文化人［J］. 教育文汇，2015（9）：6-9.

[62] 方研翔. 当代中国文化自信之塑造［J］. 群言，2012（11）：19-22.

[63] 费孝通. 费孝通论文化自觉［M］. 呼和浩特：内蒙古人民出版社，2009.

[64] 费孝通. 论人类学与文化自觉［M］. 北京：华夏出版社，2004.

[65] 费孝通. 文化与文化自觉［M］. 北京：群言出版社，2010.

[66] 冯刚，刘晓玲. 坚持以文化人深入推进社会主义核心价值观培育践行［J］. 思想理论教育导刊，2016（1）：96-99.

[67] 高文兵. 文化自觉自信的当代价值与大学的新担当［J］. 中国高等教育，2011（23）：6-9.

[68] 耿超. 中国特色社会主义文化自信论［M］. 桂林：广西师范大学出版社，2016.

[69] 郭齐勇. 中华优秀传统文化与时代精神［M］. 武汉：湖北教育出版社，2016.

[70] 韩效锋. 以文化人在大学思政教育中的运用探析［J］. 思想政治工作研究，2017（6）：17－18.

[71] 胡锦涛. 坚定不移沿着中国特色社会主义道路前进 为全面建成小康社会而奋斗——在中国共产党第十八次全国代表大会上的报告［M］. 北京：人民出版社，2012.

[72] 胡剑. 毛泽东的文化自信思想及其当代价值［J］. 湖北民族学院学报（哲学社会科学版），2013，31（1）：81－85.

[73] 黄力之. 论毛泽东的"以文化人"思想［J］. 马克思主义研究，2010（1）：111－118.

[74] 黄平. 乡土中国与文化自觉［M］. 北京：生活·读书·新知三联书店，2007.

[75] 黄秋生，薛玉成. 当代中国大学生文化自信缺失现状及其对策分析［J］. 成都理工大学学报（社会科学版），2013，21（2）：110－113.

[76] 江泽民. 江泽民文选［M］. 北京：人民出版社，2006.

[77] 金生. 德性与教化［M］. 长沙：湖南大学出版社，2003.

[78] 蒋晨菲. 思想政治教育视域中大学生文化自信教育研究［D］. 天津：天津师范大学，2015.

[79] 鞠忠美. 论中华传统文化的创造性转化［J］. 理论学刊，2017（4）：155－160.

[80] 康志玲. 移动互联网背景下高校大学生文化自信培养研究［D］. 石家庄：河北科技大学，2017.

[81] 柯海娥，李化树，杜高鹏. 当代大学生文化自信的失落与重建［J］. 西南交通大学学报（社会科学版），2013，14（2）：13－76.

[82] 李博. 坚定文化自信是高等教育的重要任务［N］. 人民日报，2016－

11-18(007).

[83] 李大健. 以文化人：大学生民族精神培育的路向 [J]. 教育研究，2011，32（3）：62-64.

[84] 李继高. 论全球化语境下的文化自觉、文化自信和文化自强 [J]. 西北大学学报（哲学社会科学版），2013，43（5）：166-170.

[85] 李伟，王建婷. 邓小平的文化自信思想及其当代价值 [J]. 重庆邮电大学学报（社会科学版），2014，26（6）：18-22，37.

[86] 李鑫. 文化发展重在以文化人 [N]. 人民日报，2012-04-25（007）.

[87] 李友梅. 文化主体性与历史的主人 [M]. 上海：上海人民出版社，2010.

[88] 梁漱溟. 教育与人生：梁漱溟教育文集 [M]. 北京：当代中国出版社，2012.

[89] 廖小琴. 文化自信：精神生活质量的新向度 [J]. 齐鲁学刊，2012（2）：79-82.

[90] 柳恩铭. 思想政治教育的文化传承与创新研究 [M]. 广州：广东人民出版社，2009.

[91] 刘宏达，张春丽. 以文化自信引领大学生全面发展的时代价值、理论指导与实践要求 [J]. 社会主义核心价值观研究，2018，4（2）：49-56.

[92] 柳礼泉，周文斌. 让德育在文化中诗意的栖居——论德育"以文化人"的三个维度 [J]. 湖南社会科学，2015（5）：175-179.

[93] 刘新生. 大学文化建设 [M]. 济南：泰山出版社，2010.

[94] 陆凯，杨连生. 以文化人视域下大学生社团文化育人机制研究 [J]. 思想教育研究，2017，（9）.

[95] 马友乐. 教育的二维本质：培育生命自觉与以文化人 [J]. 现代教育科学，2017（3）：7-10，25.

[96] 任忠文. 文化自信十八讲 [M]. 北京：人民日报出版社，2011.

[97] 塞缪尔·亨廷顿. 文明的冲突与世界秩序的重建 [M]. 周琪，刘绯，张立平，等译. 北京：新华出版社，2010.

[98] 石中英. 教育学的文化性格 [M]. 太原：山西教育出版社，2005.

[99] 苏金智. 语言规划与文化建设 [J]. 文化学刊，2014（4）：33-40.

[100] 孙彩平. 教育的伦理精神 [M]. 太原：山西教育出版社，2004.

[101] 孙秀玲. 论以文化人在大学生社会主义核心价值观宣传教育实践中的运用 [J]. 思想教育研究，2016（10）：100-103.

[102] 陶行知. 中国教育改造 [M]. 北京：商务印书馆，2014.

[103] 王吉莉. 基于思想政治教育视阈的大学生文化自信培养 [D]. 桂林：广西师范大学，2014.

[104] 王丽丽. 当代大学生文化自信缺失的表现及教育对策 [D]. 武汉：华中师范大学，2013.

[105] 王林旭. 中国文化如何走向世界 [J]. 群言，2012（6）：25-28.

[106] 王梦琪. 多元文化背景下大学生文化自信问题研究 [D]. 沈阳：沈阳航空航天大学，2014.

[107] 王明丹. 浅谈当代大学生文化自信的缺失与培养 [J]. 才智，2017（15）：91.

[108] 王帅. 在以文化人中更好地实现思想政治教育的功能和作用 [J]. 思想教育研究，2016（6）：83-85.

[109] 王振. 遵循以文化人规律创新思想政治教育方法 [J]. 思想教育研究，2017（4）：67-71.

[110] 萧思健. 文化育人之道 [M]. 上海：复旦大学出版社，2012.

[111] 熊晓梅. 文化自觉自信：高校思想政治教育的新向度 [J]. 中国高等教育，2012（18）：27-28.

[112] 徐晶晶. 以文化人德智相融，立足学科加强传统文化教育上海经验 [J]. 上海教育，2017（10）：14-15.

[113] 许倬云. 中国文化与世界文化 [M]. 桂林：广西师范大学出版社，2006.

[114] 薛凯文. 大学生优秀传统文化自信研究 [D]. 昆明：昆明理工大学，2015.

[115] 薛玉成. 当代大学生文化自信现状及其培养研究 [D]. 衡阳：南华大学，2014.

[116] 严春燕，庄勤早. 高校文化传承与创新功能解读 [J]. 西南民族大学学报（人文社会科学版），2012，33（5）：222-224.

[117] 阳国亮. 建设社会主义文化强国必须培养高度的文化自觉和文化自信 [J]. 广西大学学报（哲学社会科学版），2012，34（3）：177-180.

[118] 叶欣. 思想政治教育视域下当代大学生文化自信培育研究 [D]. 成都：四川师范大学，2017.

[119] 曾仕强. 中华文化自信 [M]. 北京：中央编译出版社，2016.

[120] 张德祥，姜雪. 大学文化生成的要素与逻辑 [J]. 大连理工大学学报（社会科学版），2015，36（4）：1-5.

[121] 张海祥. 当代中国文化软实力对大学生自信的影响研究 [D]. 济南：山东师范大学，2013.

[122] 张杰. 以高度的文化自觉和文化自信推动大学文化建设 [J]. 求是，2012（9）：47-49.

[123] 张造群. 优秀传统文化的当代价值——中国特色社会主义视角的省察 [M]. 北京：中国社会科学出版社，2015.

[124] 赵婀娜. 传统文化的力量有多大 [N]. 人民日报，2012-05-11（018）.

[125] 赵宇飞. 中国人的文化自信 [M]. 贵阳：孔学堂书局，2014.

[126] 郑金洲，瞿葆奎. 中国教育学百年 [M]. 北京：教育科学出版社，2002.

[127] 郑玲. 大学生文化自信的培养研究 [D]. 成都：成都理工大学，2015.

[128] 郑学宝. 如何推进大学治理法治化——广东医学院依法治校与以文化人的思考与实践 [J]. 中国大学科技，2015（8）：10-12.

[129] 中共中央　国务院. 关于加强和改进新形势下大学思想政治工作的意见 [EB/OL]. (2017-02-27) [2024-05-05]. http://www.

xinhua net. com/politics/2015-10/14/c_1116825558. htm.

[130] 中共中央办公厅 国务院办公厅. 关于实施中华优秀传统文化传承发展工程的意见[EB/OL]. (2017-01-26)[2024-05-05]. https://www.rmzxb.com.cn/c/2022-10-25/3229500_1.shtml.

[131] 种海峰. 今天我们为什么需要文化自觉与文化自信[J]. 理论视野, 2012 (3): 17-19.

[132] 周正刚. 谈培养高度的文化自觉和文化自信[J]. 党建研究, 2012 (8): 28-30.

[133] 朱永民. 培养大学生文化自觉和文化自信研究[D]. 贵阳: 贵州师范大学, 2014.